Olga Kaminer
Alle meine Katzen

Olga Kaminer

Alle meine Katzen

Mit einem Vorwort
von Wladimir Kaminer

Quintus

Alle meine Katzen erschien erstmals 2005 im Ullstein
Verlag. Den Text *Katzen regieren die Welt* hat Wladimir
Kaminer für diese Neuausgabe geschrieben.

1. Auflage [der Neuausgabe] 2024
© Olga Kaminer
© Quintus-Verlag
Binzstraße 19, 13189 Berlin
www.quintus-verlag.de

Satz und Gestaltung: Ralph Gabriel, Berlin
Umschlaggestaltung: Oda Ruthe, Braunschweig,
unter Verwendung zweier bearbeiteter Fotos,
© Sebastian Kaminer
Druck und Bindung: Finidr, s.r.o., Ceský Těšín

ISBN 978-3-96982-083-4

Inhalt

Wladimir Kaminer
Katzen regieren die Welt

Eigentlich sind Katzen stille Mitbewohner ohne praktischen Nutzen und ohne Auftrag. Sie legen keine Eier wie die Hühner, sie können nicht sprechen wie die Papageien und sie bringen den Stock nicht zurück, wenn man einen wegwirft. Die Katzen interagieren nicht mit Menschen und sehen sich nicht wie Hunde in der Pflicht, die Menschen zu unterhalten. Im Gegenteil: Ständig sehe ich, wie meine Mitmenschen, meine Frau, meine Kinder, meine Mutter, sich bemühen, ihre Katzen zu unterhalten. Die Katzen wissen diese Mühe nicht zu schätzen, sie verlieren ihre Sphinx-Haltung nur selten. Die meiste Zeit ihres Lebens sitzen sie auf dem Sofa, auf dem Fensterbrett oder auf einem Kissen und beobachten uns, als würden sie eine soziologische Feldstudie zum Thema „Menschen in ihrer natürlichen Umgebung" durchführen. Katzen sind für ein glückliches und erfülltes Leben nicht unabdingbar. Und doch bin ich seit meiner Geburt von Katzenliebhaberinnen umzingelt, die ihre Katzen vergöttern, anbeten, sich kein Leben ohne Katze vorstellen können.

Dazu kommt, dass meine Landsleute sehr abergläubisch sind. Katzen spielen im russischen Aberglauben eine herausragende Rolle. Sie sind aus russischer Sicht die tragende Säule der Weltordnung. Wenn du es dir mit den Katzen verdirbst, verdirbst du es dir auch mit dem Rest der Welt. Angeblich helfen die Katzen nicht nur, mit unserer irdischen Existenz einigermaßen klarzukommen, sie sind auch für das Leben danach von großer Wichtigkeit. Denn die Katzen bewachen das

Tor zur Hölle. Und in der Hölle ist Rauchen verboten. Wenn du also kein frommer Bürger bist, in der Hölle landest und kurz an die frische Luft rausmusst, um in Ruhe ein Zigarettchen zu rauchen, hast du das mit den Katzen zu klären. Aus irgendeinem Grund wissen die Katzen, die das Tor zur Hölle bewachen, wie du dich zu deinen Lebzeiten den Katzen gegenüber benommen hast. Bist du dem Katzenaberglauben gefolgt, hast die Tiere gestreichelt und gefüttert, wirst du auch in der Hölle nicht untergehen.

Im Übrigen ist es überhaupt nicht schwer, dem Katzenaberglauben zu folgen. Du sollst dreimal über die linke Schulter spucken, wenn dir eine schwarze Katze über den Weg läuft, du sollst immer unter das Auto schauen, bevor du hineinsteigst, denn dort könnte eine Katze sitzen – und sie zu überfahren ist das Schlimmste, was passieren kann. Im Gegenzug helfen Katzen bei gesundheitlichen Problemen: Bei Herzschmerzen muss man eine Katze mit der linken Hand unter dem rechten Ohr streicheln, bei seelischem Schmerz einer Katze in die Augen schauen. Katzen können bei Geschäften gewinnbringend wirken: Legt sie dir eine von ihr gefangene Maus vors Bett, kommt bald das große Geld. Wenn eine Katze auf den Fernseher schaut, können wichtige Nachrichten kommen, beim Umzug in eine neue Wohnung sollte die Katze unbedingt als Erste reingehen, sonst wird man kein Glück unter dem neuen Dach finden.

Ich werde meinen ersten Umzug in Berlin nie vergessen. Als meine Frau und ich uns kennenlernten, hatte Olga einen Kater. Beide sind zu mir gezogen, in eine kleine Wohnung im Prenzlauer Berg. Ich habe mir nichts dabei gedacht, war ans Zusammenleben mit

Katzen gewöhnt. Meine Mutter hatte schon immer eine Katze, ihr Leben lang. Der Kater von Olga hatte aber einen schwierigen Charakter. Er pinkelte in meine Hausschuhe. Ich glaube, er mochte mich nicht besonders. Auf einmal schien die Wohnung zu klein für uns drei. Ich hatte Glück bei der Wohnungssuche, fand eine bezahlbare größere Wohnung, der Umzug sollte in Kürze erfolgen. „Ein Glück", sagte Olga, „dass wir die Katze haben. Ohne Katze wäre nämlich ein Umzug nicht möglich." Der Umzugstag nahte. Die Möbelträger kamen um acht Uhr früh, der Kater versteckte sich hinterm Schrank. Als der Schrank weg war, versteckte er sich unterm Schreibtisch. Die Möbelträger klauten ihm den Tisch, er wechselte ins Bad, die Waschmaschine kam als Letztes raus. Die Wohnung war leer, der Kater verschwand. Olga und ich machten große Augen, liefen sinnlos im Kreis und kamen uns selbst ziemlich dämlich vor, dass wir in einer leeren, weiß gestrichenen Wohnung eine schwarze Katze mit weißen Socken nicht finden konnten. Wir suchten den Kater in allen Ecken, auf den Fensterbrettern, ja sogar hinter der Kloschüssel.

Er war verschwunden, wahrscheinlich hatte er sich in irgendeinem Schrank aus der Wohnung tragen lassen. Dabei musste der blöde Kater, dem russischen Aberglauben folgend, doch als Erster die neue Wohnung betreten, bevor irgendein Möbelstück reingetragen wurde. „Packt bitte alles aus", wir müssen die Katze finden, sagte Olga zu den Möbelpackern. Sie schimpften in einer eindringlichen Möbelpackersprache, waren aber tolerant und hatten Verständnis für bescheuerten Aberglauben. Sie packten einige Möbelstücke aus. Zum Glück ließ sich der Kater schnell finden; ich folgte dem starken Geruch von Katzenpisse, der aus dem Bettkasten kam, fand das Tier und steckte es in die Sporttasche.

Der Möbelwagen fuhr los, die neue Wohnung befand sich nicht weit von der alten entfernt, im selben Bezirk, in einem Altbau, dritter Stock. Die Möbelpacker wollten das Ausladen mit dem schwersten Teil beginnen und schleppten die Waschmaschine nach oben. „Halt", sagte Olga, „zuerst die Katze!" Ich holte das Tier aus der Sporttasche und setzte es vor die offene Tür. Es weigerte sich, nur einen Schritt in die neue Wohnung zu tun, alles Überreden half nicht. Ich lief runter zum Kiosk, kaufte eine Packung Wurst, lief hoch, machte die Packung auf und schmiss die Wurst Scheibe für Scheibe in die neue Wohnung. Das Tier bewegte sich nicht vom Fleck.

Die Möbelpacker fanden die fremden Sitten inzwischen nicht mehr lustig. Der Vorarbeiter schlug vor, die Katze mit Gewalt in die Wohnung zu schleudern. Ich verzichtete auf seine Hilfe und schubste den Kater selbst leicht am Hintern rein. Er zischte und schob die Krallen zum Gegenangriff raus. „In einer Stunde haben wir Feierabend", sagte der Vorarbeiter der Möbelpacker, „deswegen mein Vorschlag: Entweder ich schmeiße jetzt das Tierchen rein und wir tragen die Möbel hinterher oder wir lassen die Möbel unten auf dem Hof stehen und ihr habt eine Nacht Zeit, das Problem mit der Katze zu klären. Also, sollen wir gehen oder bleiben?"

„Ihr bleibt hier!", rief ich und lief zu meiner Mutter. Ich holte ihre fünf Kilo wiegende Katze Maja als Ersatz für den Kater und brachte sie zu uns in den dritten Stock. Kaum hatte Olgas Kater Maja gesehen, lief er von allein in die Wohnung, als wäre nichts gewesen. „Ich habe dir meine Katze ausgeliehen", sagte mir Mama am nächsten Tag. „Kannst du mich dafür bitte zu ‚Fressnapf' fahren? Ich muss für Maja dringend eine neue Futtersorte kaufen. Sie isst wenig in letzter Zeit und sieht abgemagert aus."

„Hä?" Ich zweifelte an der Glaubwürdigkeit dieser Aussage. Mamas Katze ist nach einer berühmten russischen Ballerina benannt, ohne irgendeine Ähnlichkeit mit einer Ballerina zu haben, sie wiegt geschätzte fünf Kilo und sieht aus wie eine riesige zottelige Kugel, die drei Mahlzeiten am Tag bekommt, ständig irgendetwas im Maul hat und nicht ans Abnehmen denkt.

Wie schaffen es bloß die Katzen, uns Menschen zu manipulieren, unsere Gedanken durch ihre eigenen zu ersetzen, ohne dass wir es merken?, überlegte ich auf dem Weg zu „Fressnapf". Es würde mich nicht wundern, wenn auch hinter allen Politikern, Präsidenten, Kanzlern, Generalsekretären und Parteivorsitzenden in Wahrheit Katzen agieren. Jeder von ihnen hat eine Politkatze zu Hause, die sein Handeln steuert. Deswegen schaukeln diese Präsidenten und Vorsitzenden so komisch beim Gehen, als wüssten sie plötzlich nicht mehr, wo sie hinmüssen und was noch zu sagen wäre. Da ist ihre Politkatze wahrscheinlich gerade schlafen oder auf die Toilette gegangen. Wir regen uns über Zeitgenossen in Machtpositionen auf, werden in Wirklichkeit aber von Katzen regiert. Ich glaube, auch die großen Werke der Weltliteratur sind von Katzen diktiert worden. *Moby Dick* zum Beispiel und *Steppenwolf*, höchstwahrscheinlich hat Hermann Hesse seinen ganzen Nobelpreis für Katzenfutter ausgegeben.

Die meisten Menschen bemerken ihre Versklavung durch die eigenen Haustiere nicht. Der „Fressnapf" war überfüllt von fröhlichen Bürgerinnen und Bürgern, die gerade dabei waren, ihren Mindestlohn, ihr Kindergeld, ihre Rente oder Grundsicherung für das Wohl ihrer kleinen Freunde auszugeben. Meine Mutter lief entschlossen an allen Regalen vorbei, wo irgendetwas mit Gemüse stand. Maja, nach der berühmten russischen Ballerina Maja Plissezkaja benannt, lehnt nämlich alles, was mit Gemüse zu tun hat, demonstrativ ab. Sie mag nur Fleisch und Fisch: Kaninchen mit Lachs, Lachs mit Pferd, Hirsch mit Huhn, Einhorn mit Thunfisch, in Stückchen, Häppchen oder als Pastete, gehackt oder gerieben, unzählige Kreationen. Alles mit Gemüse ließ Mama unbeachtet, als wüsste sie genau, was ihre Katze braucht. Ich staunte nicht schlecht über die Anzahl der Futtersorten. Ist das nicht ein klarer Beweis für die Abhängigkeit der Menschen von ihren Haustieren, dass eine Auswahl von Katzenkonserven in ihrer Vielfalt, auf Neudeutsch Diversität, jede Speisekarte für Zweibeiner überbietet? Ich wüsste gerne, wer sich alle diese perversen Gerichte ausdenkt und was seine Katzen zu Hause rauchen. Das muss ein starkes Zeug sein.

Mama kaufte eine Kiste „Känguru als Pastete mit Geleesauce". „Das wird ihr guttun", meinte sie überzeugt. „Woher willst du wissen, was deine Katze will? Hat Maja das Kängurugericht auf Deutsch oder auf Russisch bestellt?", fragte ich sie. Mama wollte das nicht kommentieren.

Im Internet habe ich gegoogelt und fand eine fundierte wissenschaftliche Theorie, wie die Katzen uns manipulieren. Sie besagt, dass Katzen unsere Gedanken und unseren Willen durch Toxoplasmose kontrollieren, eine Infektion, die zunächst bei Mäusen festgestellt wurde, die mit Katzenhaaren oder Katzenausdünstungen in Kontakt kamen. Die infizierten Mäuse wurden wie fremdgesteuert, sie verloren jede Angst und Vernunft und spazierten geradewegs der Katze ins Maul.

Nachdem aber die Mäuse in den Wohnungen weitgehend rar oder ganz ausgerottet wurden, haben die Katzen Menschen als neue Nahrungsquelle entdeckt und mithilfe der Toxoplasmose unterwandert. Sie brachten die Menschen unter anderem dazu, Katzenklos in verschiedenen Farben und Formen zu produzieren, Katzenhäuser und Kratzbäume anzubieten, unzählige niedliche und süße Katzenbilder anzufertigen und im Internet zu streuen, damit immer mehr Menschen sich Katzen besorgen und weitere hochmoderne Produktionsstätten für Katzenfutter überall im Land errichtet werden. Laut dieser wissenschaftlichen Theorie sind bloß fünf bis zehn Prozent der Menschheit von Toxoplasmose befallen, neunzig Prozent davon sind jedoch Frauen.

Meine Mutter wurde von ihrer Katze als Geisel genommen. Maja kontrolliert den Tagesablauf meiner Mutter. Wenn sie zu lange vor dem Fernseher sitzt, zieht die Katze sie an der Strumpfhose vom Sessel weg. Wenn Mama nach Ansicht der Katze zu lange im Bett liegt, springt Maja ihr auf die Brust. Mehrmals hat meine Mutter davon geträumt, ihre Katze würde mit ihr sprechen. Im Traum sagt die Katze „Wach auf, Shanna!" oder „Australiens Ureinwohner mit sieben Buchstaben". Das Letztere stammte wahrscheinlich aus einem Kreuzworträtsel, das meine Mutter nicht lösen konnte. Känguru, dachte meine Mutter im Halbschlaf, sie will Känguru haben. Mit Australiens Ureinwohnern lief jedoch was schief. Maja hat das ganze Gelee von der Pastete abgeleckt, das eigentliche Känguru aber auf dem Teller liegen lassen. „Was mache ich nur mit ihr?", klagte meine Mutter.

Ja, es ist nicht leicht, einer Katze zu dienen. Aber es lohnt sich. Trotz des schweren Charakters sind die Katzen als Mitbewohner nicht zu schlagen. Kein Mensch, keine Frau, kein Mann, kein Kind und kein Hund können eine Katze ersetzen. Sie sind eigenwillig, wollen sich nicht unterordnen, sie wollen einerseits ständig gestreichelt werden, sind aber gleichzeitig nicht eifersüchtig, wenn der Mensch eine andere, eine fremde Katze streichelt. Und in allem, was sie tun, selbst wenn sie kacken, wirken sie anmutig und elegant.

Clarens

Auf Sachalin lebten unsere Familie und die Familie meiner Tante auf demselben Stockwerk in einem Haus für Mitarbeiter der Geologischen Expedition. Auf jeder Etage gab es drei Wohnungen; alle arbeiteten zusammen, alle kannten sich untereinander, alle waren befreundet. Die Kinder pendelten den ganzen Tag von einer Wohnung zur anderen, die Erwachsenen versammelten sich jeden Abend zum gemeinsamen Essen. Alle Türen standen offen, es war fast wie in einem Wohnheim. Meine Tante hatte zwei Jungs, die beide älter waren als ich. Von den Cousins erbte ich das ganze Spielzeug, wenn es drüben nicht mehr gebraucht wurde. Ein Kinderauto, in das die molligen Brüder nicht mehr reinpassten, ein Klavier, das von der Tante zu Erziehungszwecken gekauft worden war, aber von den beiden wie die Pest gehasst wurde. Dazu jede Menge Kinderbücher, die sie nicht interessierten. Die Cousins mochten eigentlich nur Taschenmesser und Kartenspiele. Wenn sie lasen, dann nur Abenteuerbücher: Romane von Walter Scott, Thomas Mayne Reid und Jules Verne, außerdem sowjetische Science-Fiction – zum Beispiel über den Aufbau des Kommunismus auf dem Mars.

Mich interessierte diese Literatur nicht. Die Tante gab ihre pädagogischen Ansprüche trotz des Widerstands nicht auf und abonnierte die Klassiker der Kinderliteratur, die regelmäßig in einer Buchreihe mit dem Namen „Eins nach dem anderen" erschienen. Auf diesen dünnen Büchern war immer eine Art Logo abgebildet: ein kleiner Junge, der auf einer Wiese saß und ein Buch auf den Knien hielt. Die meisten Leser waren aber eigentlich Mädchen. Das erste Buch aus dieser Reihe, das ich mit sechs las, hieß „Der lebende Hut". In dieser Geschichte ging es um ein Katzenbaby, das sich ständig unhöflich benahm, in der Küche randalierte, an den Gardinen schaukelte, die Wände zerkratzte – bis eines Tages ein großer Hut vom Kleiderständer auf das Kätzchen fiel. Die Kinder bekamen große Angst, als sie diesen lebenden Hut entdeckten, der durch die Wohnung kreiste. Sie liefen vor ihm weg, der Hut hinter ihnen her. Mein Vater besaß genau so einen Hut wie auf dem dazugehörigen Bild im Buch. Ich stellte mir vor, wie es wäre, wenn bei uns so ein lebendiger Hut durch die Wohnung liefe. Ich hätte bestimmt keine Angst davor bekommen.

Der Hut war also schon da, es fehlte nur noch die Katze. Meine Mutter war jedoch streng dagegen. Sie konnte Katzen nicht ausstehen. Deswegen war meine Kindheit beinahe katzenfrei. Nicht, dass wir gar keine Haustiere gehabt hätten. Als ich zur Schule ging, bekam ich zum Beispiel einen Hamster von den Nachbarn geschenkt, er war aber schon alt und ist nach einem Jahr gestorben. Meine Eltern brachten einmal im Sommer aus dem Urlaub, den sie im Kaukasus verbracht hatten, zwei tschetschenische Papageien in einem Käfig mit nach Sachalin. Sie hießen Jakob und Rosa und lebten lange bei uns – bis Jakob auf einmal wegflog, aus dem Küchenfenster raus. Rosa langweilte sich ohne ihn furchtbar und wartete nur noch darauf, dass das Fenster einmal offenblieb. Eines Tages war es so weit, und sie flog auch weg – in die Taiga.

Auf Sachalin gab es nicht viele Ausgehmöglichkeiten, die größte Sehenswürdigkeit war der Wald um die Stadt herum. Jedes Wochenende gingen die Familien in die Taiga, um Beeren und Pilze zu sammeln, Wildenten zu jagen oder einfach spazieren zu gehen. Von diesen Spaziergängen brachte mein Vater mir oft neue Haustiere mit. Ich bekam auf diese Weise einen Hasen, ein Streifenhörnchen und sogar einen kleinen Fuchs. Dieser Fuchs war sehr bösartig, er bellte wie ein kleiner Hund, klaute Fleisch in der Küche und biss meine Mutter einmal in den Finger, als sie ihn füttern wollte. Mein Vater hat ihn danach wieder im Wald ausgesetzt. Das Streifenhörnchen war eine wilde Natur. Man konnte es überhaupt nicht streicheln. Es schoss durch die Wohnung wie eine Rakete – hin und her –, und verstaute dabei seine Vorräte, die es aus dem Küchenschrank meiner Mutter zusammenklaute. Genau genommen hatte es mein Kopfkissen zu seinem Geheimversteck auserkoren.

Ich wollte lieber eine Katze, aber meine Mutter blieb hart. Diese Haare überall und dieser Geruch, das sei furchtbar, sagte sie. In unserem ganzen Haus lebte nur eine Katze. Das Mädchen aus der Wohnung unter uns, das ein Jahr älter war als ich und auch Olga hieß, besaß einen sibirischen Kater: Clarens. Diesen Namen verdankte er einem Fernsehbeitrag, der bei uns auf der Insel für Furore gesorgt hatte. Es wurde über eine Familie im fernen Leningrad berichtet, die früher im Zirkus als Löwendompteure gearbeitet hatte. Als sie in Rente gingen, bekamen sie von der Stadtverwaltung die Genehmigung, einen alten Löwen bei sich zu Hause zu halten. Sie lebten mit dem Tier mitten in der Stadt und führten ihn sogar aus. Dieser Löwe hieß Clarens. Viele bei uns hatten sich über diese Zirkusleute aufgeregt. Die Geologen hatten zum Beispiel oft in der Taiga mit Bären zu tun, aber keiner wäre auf die Idee gekommen, einen Bären bei sich zu Hause zu halten. Auf jeden Fall gaben Olgas Eltern ihrem Kater diesen Löwennamen.

Als Baby sah Clarens unwiderstehlich niedlich aus, wie eine kleine Flaumkugel, rotgelb, in den Farben des Sonnenuntergangs – nur gestreift. Wir spielten mit ihm nach der Schule „Kindergarten" – zogen ihm Puppenklamotten und ein Mützchen an, wickelten ihn in eine Decke, legten ihn in ein Spielzeugbettchen und fütterten ihn mit Milch aus einer Babyflasche. Das Baby Clarens wurde aber sehr schnell erwachsen. Mit neun Monaten entwickelte er eine königliche Lebenshaltung – er benutzte das Katzenklo nicht mehr, sondern ging stattdessen auf die normale Toilette, wo er sich wie ein Mensch auf die Klobrille hockte. Während wir die Hausaufgaben machten, saß er unter der Lampe auf dem Schreibtisch und beobachtete uns mit einem Gesicht, als wäre er ein Lehrer und für unsere Noten verantwortlich. Clarens konnte nicht wie alle normalen Katzen miauen. Wenn er etwas mitzuteilen hatte, sagte er „Ha!" Schon mit einem Jahr benahm er sich wie der Familienälteste. Wir begegneten ihm mit Respekt. Es schien uns unangebracht, ihn weiterhin in Puppenklamotten einzuwickeln. Wie die meisten Katzen in unserem Land war Clarens nicht kastriert. Aller zwei Wochen ging er auf den Hof, um seine Katzenfreundschaften auszubauen, und verschwand dabei gleich für mehrere Tage. Die Nachbarn aus den nahe gelegenen Häusern berichteten uns ab und zu über Clarens' Heldentaten. Er war bei den Katzen im Bezirk sehr beliebt und von anderen Katern gefürchtet. Eines Tages ging Clarens wie immer auf einen Spaziergang nach draußen und kam nicht wieder. Wir fingen bereits nach drei Tagen an, uns große Sorgen zu machen und durchkämmten die ganze Karl-Marx-Straße auf der Suche nach ihm. Die Hinweise aus der Bevölkerung waren sehr unterschiedlich. Einige meinten, ihn am Ende der Sowjetskaja-Straße gesehen zu haben, mehrere Wohnblocks von unserer Straße entfernt. Jemand wollte ihn sogar vor dem Gerichtsgebäude in der Dserschinskaja-Straße gesehen haben. Wir haben geweint und geweint.

Der Löwe Clarens wurde übrigens unmittelbar danach in Leningrad von einem Straßenpolizisten erschossen, dem er während eines Spaziergangs den Kopf abzubeißen versucht hatte. Das ist aber eine ganz andere Geschichte.

Python

Nach der Schule wurden alle Kinder auf der Insel von ihren Eltern aufs Festland geschickt, damit sie einen anständigen Beruf lernten. Auf Sachalin gab es nur ein Öl-Technikum. 1982 war ich mit der Schule fertig und flog nach St. Petersburg, das damals noch Leningrad hieß. Meine beiden Cousins waren bereits seit zwei Jahren dort. Sie studierten angeblich Mathematik am Technologischen Institut, so dachten zumindest ihre Eltern. Bei ihnen konnte ich wohnen und mich für die Aufnahmeprüfung am Technologischen vorbereiten.

Das Zusammenleben mit den beiden Brüdern war von Anfang an kompliziert. Wir waren inzwischen erwachsene Menschen mit unterschiedlichen Gewohnheiten. Die Cousins hatten einen sehr speziellen, wenn auch unkomplizierten Tagesablauf. Nachts spielten sie

Karten mit ihren Kommilitonen, tagsüber schliefen sie. Einmal in der Woche gingen sie in ein Restaurant, einmal im Monat – zum Institut. Sie waren eigentlich ganz in Ordnung, wir konnten uns gut leiden, aber als selbstständige junge Frau konnte ich ihren Lebensstil nicht teilen.

Ich zog in ein Studentenwohnheim am Rande der Stadt. Eigentlich durften dort nur die Studenten der Fachhochschule Nr. 77 leben und arbeiten, hieß es. Ich wusste nicht einmal, für welche Fächer diese Hochschule ausbildete. Dafür aber habe ich eine Frau kennengelernt, die eine gute Beziehung zum Kommandanten dieses Heimes hatte. Er hatte sich gerade frisch in meine Bekannte verliebt und war bereit, für sie was zu riskieren. Ich bekam ein Zimmer im dreizehnten Stock, einfach so – für umsonst. Schnell wurde mir klar: Auch die anderen Bewohner dort auf der Etage links und rechts hatten nichts mit der Fachhochschule Nr. 77 zu tun. Die meisten zahlten dem Kommandanten 50 Rubel im Monat für ihr Zimmer und machten, was sie wollten. So hatte ich nach wenigen Monaten in der Stadt ein eigenes Zuhause – mit Tisch, Wandschrank, Bett, Dusche und einem tollen Ausblick. Man sah ein weites Feld und Eisenbahngleise, die sich am Horizont auflösten.

Eine neue Umgebung bringt zwangsläufig auch neue Bekanntschaften mit sich. Gleich am zweiten Tag klopfte jemand an meine Tür. Ein junges Mädchen sagte: „Hallo, ich bin Vera, ich wohne direkt neben dir. Bist du neu?" Vera setzte sich auf den Tisch, weil ich keinen zweiten Stuhl hatte. Wir sprachen sechs Stunden miteinander. Letztlich wusste ich alles über Vera, ihre Kindheit, ihre Liebesaffären und ihre Zukunftspläne. Vera war zehn Jahre älter als ich. Sie hatte zu diesem Zeitpunkt eine Ausbildung am Optikmechanischen Institut abgeschlossen und eine Arbeitsstelle in Kasan zugewiesen bekommen, fuhr aber nicht hin. Sie blieb illegal in Leningrad, in der Hoffnung, dass ihr langjähriger Liebhaber, ein Leningrader Boheme-Fotograf, sie heiratete. Der Fotograf aber führte sie an der Nase herum. Mal sagte er, er müsse zuerst alles genau mit seinen Eltern besprechen, mal sagte er, dass seine Familie sich gerade eben entschlossen habe, nach Israel auszuwandern. Wenn Vera ihm eine Szene machte, sagte er sofort zu, machte aber schließlich doch keinen Hochzeitstermin beim Standesamt.

Vera genoss bei den Bewohnern des Heimes, besonders bei den älteren, den über Dreißigjährigen, große Popularität; sie hatte eine sehr erotische Ausstrahlung. Wir beschlossen, unsere Zimmer zusammenzulegen. Auf diese Weise entstand eine Zweizimmerwohnung – mit einem Schlaf- und einem Gästezimmer. Zur Einweihung luden wir die Nachbarn ein. Rechts von uns wohnte ein imposanter Juwelier mit dem Spitznamen Basilio, links von uns ein junger Geschäftsmann aus dem Untergrund namens Iwanow. Auch sie wussten nichts von der mythischen Fachhochschule Nr. 77. Abends saßen wir alle in unserem Gästezimmer, hörten italienische Popmusik, Toto Cutugno und Adriano Celentano, die damals sehr beliebt waren, und tranken Rotwein und Tee.

Dieses neue, unabhängige Leben gefiel mir sehr. Tagsüber ging ich brav zum Institut, abends ins Café „Saigon", in dem damals die gesamte alternative Szene von Leningrad ihren „doppelten Kleinen" trank. Im „Saigon" auf einen Kaffee vorbeizuschauen, war der kürzeste Weg, um die Stadt kennenzulernen. Alles, was jung, begabt, revolutionär und intelligent war, hielt sich dort Tag für Tag auf – dieselben Menschen an denselben Tischen. Man konnte im „Saigon" immer den neuesten Klatsch erfahren, Geld borgen, Marihuana kaufen und über die Welt philosophieren. Meine Nachbarn aus dem Studentenwohnheim gingen nie ins „Saigon". Wenn ich ihnen darüber was erzählte, lächelten sie nur. Sie waren nicht sonderlich kulturinteressiert. Ich pendelte zwischen zwei Welten, den Künstlern und Hippies aus dem „Saigon" und unserer Hausgemeinde im Heim.

Überraschend schnell ging mein erstes Jahr in Leningrad zu Ende – es wurde Winter und somit Silvester. Ich erhielt von allen Seiten Einladungen zum Feiern: von den Nachbarn im Heim, von den „Saigon"-Leuten, von meinen beiden Cousins und sogar von den Studenten aus dem Technologischen Institut. Mir war es eigentlich egal, wo ich Silvester verbringen würde. Ich war berauscht von den vielen neuen Freunden und beschloss leichter Hand, bei meiner neuen „Saigon"-Freundin Tatjana die Silvesternacht zu verbringen, die mich sehr charmant eingeladen hatte. Also habe ich mir keinen Plan B ausgedacht und die anderen nicht einmal gefragt, wo sie feiern wollten.

Am 31. Dezember 1982 stand ich um 22.30 Uhr wie verabredet vor Tatjanas Tür auf der Wassiljew-Insel mit einer Flasche Champagner und einer Tüte Schinken in der Hand. Ich klingelte und klingelte. Niemand machte auf. In den Fenstern brannte kein Licht. Ich bekam kalte Füße. Die Aussicht, die ganze Silvesternacht allein auf der Straße zu verbringen, gefiel mir überhaupt nicht. Mit dem letzten Bus schaffte ich es gerade noch ins „Saigon". Zum Glück war das Café offen. Die bösartigen Kellner-Tanten gingen von Tisch zu Tisch mit schmutzigen Lappen in den Händen und schimpften auf die letzten Besucher, sie sollten endlich verschwinden. An einem der Stehtische entdeckte ich eine Bekannte von mir: Aida. Sie sah traurig aus und trank einen Cognac nach dem anderen. Ich bestellte mir ebenfalls einen. Wir kamen ins Gespräch. Auch Aida hatte es verpennt, für Silvester zu planen. Wir wussten beide nicht, wohin. Zehn Minuten später lernten wir zwei Jungs kennen. Der eine lud uns ein, bei ihm zu Hause zu feiern. Wir kauften eine Flasche Cognac für unterwegs und gingen zu Fuß zu unserer neuen Bekanntschaft nach Hause. Der Junge wohnte bei seinen Eltern, die uns aber nicht störten. Seine Familie feierte in einem Zimmer, wo der Fernseher stand. Wir deckten schnell einen Tisch im Nebenzimmer, mit Brot, Schinken und Cognac. Dazu drehte einer der Jungs einen riesengroßen Joint. Ich hatte bis dahin noch nie Marihuana probiert. Ich witterte Gefahr, nur wollte ich an diesem Silvester nicht klein beigeben und nahm ein paar Züge. Das war das Ende meiner Silvesterparty. Dunkel konnte ich mich anschließend noch erinnern, dass man mich um Mitternacht geweckt hatte. Jemand schenkte Champagner ein und schrie mir „Hurra" ins Ohr. Ich nahm einen Schluck und schaltete sofort wieder ab.

Gegen fünf Uhr früh wurde ich wach. Ich saß auf einem Sofa und versuchte mühsam, den Verlauf des Abends zu rekonstruieren, um überhaupt zu verstehen, wo ich war. Wie eine Schnecke zusammengerollt schlief Aida in einem Sessel neben mir. Auf dem anderen Sofa saßen die beiden Jungs nebeneinander wie siamesische Zwillinge und schliefen ebenfalls. Ich weckte unseren Gastgeber, dessen Namen ich noch immer nicht wusste, und bat ihn, mich zum Ausgang zu bringen. „Soll ich dir etwas zeigen?", fragte mich der Junge mit geheimnisvoller Stimme. Ich sagte „Ja". Er öffnete seinen Kleiderschrank. Dort auf den Klamotten lag eine Siamkatze mit vier Babys von unglaublicher Schönheit. „Willst du eins? Zur Erinnerung?", fragte mich der Junge und lächelte. Ich nahm mir ein besonders sympathisch aussehendes Baby aus dem Kleiderschrank und fuhr damit nach Hause. Das Katzenbaby wurde überhaupt nicht von Heimweh geplagt. Ruhig schlüpfte es in meinen Ärmel und schlief dort sofort ein. Um es nicht zu wecken und damit es nicht herausfiel, musste ich die ganze Zeit meinen Arm wie bei einer Verletzung nach oben halten. Um sechs Uhr früh kam ich zu Hause im Studentenwohnheim an. Dort fand ich unsere gesamte Sippe munter an einem festlich gedeckten Tisch sitzen. „Wir haben die ganze Zeit auf dich gewartet!", riefen sie. „Wo warst du?" Ich erzählte ihnen von meinen nächtlichen Missgeschicken und präsentierte ihnen meine Silvestereroberung. Das Katzenbaby kroch aus dem Ärmel auf den Tisch, rollte mit seinen verschlafenen roten Augen und schlüpfte sofort in den Ärmel meiner Mitbewohnerin Vera. „Wie ein Python!", sagte der Geschäftsmann Iwanow, und alle stimmten ihm zu.

Die ersten zwei Monate benahm sich Python sehr leise, für den Kommandanten blieb er unsichtbar. Die meiste Zeit seines Lebens verbrachte er in den Ärmeln der Bewohner unseres Studentenheimes. Ständig konnte man deswegen auf dem Flur jemanden mit einem hocherhobenen Arm beobachten. Schon wenig später kannte Python das ganze Haus, und in jedem Zimmer war er willkommen. Python war ein konservativer Kater. Er aß nur Fischkonserven: Sprottenpastete, für vierzig Kopeken die Dose. Das einzige Spiel, das er mochte, war, an den Gardinen zu schaukeln. Den Rest der Zeit verbrachte er auch als Halberwachsener in irgendwelchen Ärmeln.

Zweimal fuhr Python mit mir nach Moskau. Ende März musste ich nach Sachalin fliegen. Meine Eltern wurden unruhig, sie machten sich Sorgen, bombardierten mich mit Briefen, drohten, dass sie selbst nach Leningrad fliegen würden, wenn ich sie nicht besuchen käme. Ich gab meinen Nachbarn strenge Anweisungen, auf Python aufzupassen. Drei Wochen später kam ich erholt aus dem Urlaub zurück, mit zwanzig Kilo elterlicher Geschenke im Gepäck. Die Sachaliner Gaben waren in einem überdimensionalen Koffer verpackt, der stark nach Fisch roch. Am Flughafen machten die Menschen einen großen Bogen um mich, dafür liefen sämtliche Flughafen-Katzen hinter mir her, die wie aus dem Nichts in Rudeln ankamen und mein Gepäck umzingelten. Ich fühlte mich schrecklich. Der Flug von Chabarowsk nach Leningrad dauerte neun Stunden, mit sieben Stunden Zeitunterschied. In Chabarowsk war es noch Winter – minus 16 Grad, in Leningrad dagegen 18 Grad plus. Ich hatte einen Pelzmantel mit Kaninchenfell an, dazu Stiefel und Pullover, außerdem sechs Kilo roten Kaviar und 15 Kilo geräucherten Lachs im Gepäck, der langsam, aber sicher anfing, stark zu riechen. Am Leningrader Flughafen liefen alle in T-Shirts herum und aßen Eis. Ich hoffte sehr, jemand würde mir meinen Koffer klauen. Ich ließ ihn mehrmals irgendwo stehen und ging Kaffee trinken oder auf die Toilette. Aber niemand traute sich an ihn heran. Ich schwitzte und führte Selbstgespräche. Das ist der Nachteil des Lebens in einem großen Land, sagte ich zu mir selbst, man muss bei Reisen immer auf alle Jahreszeiten gleichzeitig gefasst sein.

Wie ich im Studentenwohnheim den Fischkoffer in den dreizehnten Stock schleppte, weil der Fahrstuhl wie immer kaputt war, und was ich dabei über Sachalin, Freundschaft, Urlaub und Fahrstuhlbau im Sozialismus dachte, möchte ich hier auslassen. Ich machte die Tür auf. Auf meinem Bett lag ein mir unbekannter Mann, neben ihm auf dem Stuhl saß eine mir unbekannte Frau. „Entschuldigung, aber das ist doch mein Zimmer!", sagte ich. „Nein, das ist unseres!", antworteten die beiden. Während meiner Abwesenheit hatte sich im Studentenwohnheim einiges getan. Jemand hatte eine Beschwerde eingereicht, und eine Kommission der Stadtverwaltung hatte die Bewohner überprüft. Der Kommandant landete daraufhin wegen Korruption im Knast, und alle meine Freunde waren rausgeworfen worden, erzählte mir die neue Kommandantin.

„Und das Kätzchen?"

„Das Kätzchen haben sie mitgenommen."

„Wer hat es mitgenommen?", fragte ich.

„Sie haben einen Brief für Sie hinterlassen", sagte die Frau. Im Übrigen sei es verboten, Haustiere in einer öffentlichen Einrichtung zu halten. Mit diesen Worten übergab sie mir einen Papierfetzen. „Liebe Olga", stand dort, „wir müssen von hier dringend verschwinden, das halbe Haus ist auf der Flucht, rette sich, wer kann! Wohin wir gehen, wissen wir noch nicht. Python nehmen wir mit. Wir küssen Dich und

wünschen Dir viel Glück. Deine Freunde Vera, Basilio, Iwanowa."

Ich fuhr zu meinen Cousins. Denn irgendwo musste
ich doch den verfluchten Fischkoffer abstellen. Meine
Freunde aus dem Heim habe ich nie wiedergesehen,
auch Python nicht.

Schamil

Auf der Löwenbrücke im Zentrum Leningrads gab
es damals einen Wohnungsschwarzmarkt. Mit einer
Freundin ging ich dorthin, um eine passende kleine
Wohnung für uns beide zu finden. Der Wohnungsschwarzmarkt glich einem modernen Sklavenmarkt.
Jeden Tag von früh bis spät standen dort Menschen,
die sich bedingungslos als Untermieter anboten, aber
niemand wollte sie haben. Nur manchmal kamen
launische Vermieter vorbei und wählten jemanden
aus. In der Regel mussten die Menschen auf Wohnungssuche monatelang auf der Brücke ausharren,
ehe sie etwas fanden. Wir hatten Glück. Gleich am
ersten Tag wurden wir von einer netten älteren Frau
angesprochen. Sie wollte ihre Dreizimmerwohnung in
einem alten Haus neben dem Baltischen Bahnhof an
uns vermieten. Das Haus sollte seit einem halben Jahr
abgerissen werden und war längst entmietet. Die alte
Frau hatte vom Staat eine neue Wohnung in einem
Schlafbezirk am Stadtrand zugewiesen bekommen,
sie besaß aber noch immer die Schlüssel zu ihrer alten
Wohnung. In der sozialistischen Planwirtschaft lief es
zum Glück nie nach Plan. Das Haus konnte theore-
tisch noch jahrelang leer stehen, wir konnten aber auch

gleich am nächsten Tag von der Abrissbirne aus dem Bett gerissen werden. Wir zogen also auf eigene Gefahr ein, erst einmal für drei Monate und 250 Rubel. Für damalige Verhältnisse war das ein Schnäppchen. „Falls euch jemand nach mir fragt: Wir haben uns nie gesehen", sagte die gute Oma und zählte das Geld. In der Wohnung gab es sogar ein Telefon, und Gas und Strom waren auch noch nicht abgeschaltet. Bei der Einweihungsparty verteilte ich fröhlich unsere neue Telefonnummer an alle Freunde und Bekannten und wunderte mich danach sehr, warum niemand anrief. Wir waren in dem alten Haus wie von der Welt abgeschnitten. Das Telefon schwieg.

Nach zwei Wochen stellte sich ein ernstes Problem ein. Es war nicht die Abrissbirne, die mir mein Leben zu versauen drohte, es war meine eigene Freundin. Natascha war frisch und glücklich verliebt. Ihr Liebhaber, ein Student der Bahnakademie, zog ebenfalls bei uns ein. Die beiden kuschelten die ganze Zeit im Gästezimmer, Natascha fütterte den Studenten mit unseren letzten Lebensmittelvorräten. Nachts stöhnten die beiden wie Elefanten. Ich hatte zwar auch einen Freund, er wohnte aber in Moskau und kam nur selten zu Besuch. Die Liebesbeziehung meiner Nachbarin verdarb mir die Laune. Ich fühlte mich sehr einsam. Einmal, als ich nicht schlafen konnte und durch die Wohnung wanderte, stolperte ich über das Telefonkabel, sofort klingelte es. Das Telefon war wahrscheinlich durch einen Knick im Kabel gestört gewesen. Nun klingelte es wie verrückt. Als Erstes rief mich meine alte Freundin Tatjana an. Sie erzählte mir, dass ihre Eltern auseinandergegangen seien und die Stadt verlassen hätten. Ihre Mutter, eine Dichterin, war mit dem neuen Liebhaber, einem Kaukasier, in den Süden gefahren. Ihr Vater, ein Maler, dagegen in den Norden, um dort sein Glück zu suchen. Ihre große Wohnung hatten sie ihrer siebzehnjährigen Tochter überlassen. Ob ich nicht zu ihr ziehen wolle, fragte Tatjana mich. Sie hatte eine Flasche guten Rotwein und einen intelligenten Kater namens Schamil, aber fühlte sich von allen verlassen. Ich nahm ihr Angebot gerne an und zog gleich am nächsten Tag aus diesem mich befremdenden Liebesnest aus. Es waren gerade Sommerferien, das Haus von Tatjana lag am Ufer eines kleinen Sees. Wir schliefen bis spät in den Tag hinein, der Kater jagte kleine Vögel auf dem Balkon oder versuchte den einzigen Goldfisch im Aquarium zu fangen.

Schamil war ein großer schwarzer Kater mit einer weißen Krawatte auf der Brust und weißen Socken. Sein ganzes Leben hatte Schamil in der Gesellschaft von Dichtern und Denkern, alles Freunde von Tatjanas Eltern, verbracht. Diese feine Gesellschaft hatte die Vermenschlichung des Katers enorm vorangetrieben. Er konnte die Türen auf- und zumachen, das Fernsehgerät ein- und ausschalten, er aß mit den Pfoten, benutzte Taschentücher, und wie Tanja behauptete, las er sogar Schiller in der Originalausgabe – auf Ausländisch. Außerdem hörte er gern klassische Musik, vor allem Wagner, Weber und Beethoven, wobei er die besonders pathetischen Stellen ziemlich treffsicher nachmiaute.

Nachts gingen wir zum Nacktbaden an den See, veranstalteten dort Hexenspiele und verscheuchten betrunkene Typen, die uns für böse Geister hielten. In weiße Laken eingewickelt, jagten wir den abergläubischen Stadtbewohnern Angst ein und bereicherten dadurch das nicht besonders geistreiche Leben in Leningrad. Der Sommer ging zu Ende, wir gingen weiter studieren. Tatjana lernte an der Universität „Fernöstliche Sprachen", ihr Hauptfach war Chinesisch. Ich studierte am Chemieinstitut „Die Herstellung und Verarbeitung von Erzeugnissen in der Gummiindustrie". Obwohl wir beide unser Studium für nicht besonders aufregend hielten, haben diese Studiengänge uns im Alltäglichen eindeutig geprägt.

In meiner Gummigruppe waren viele ausgezeichnete Tischtennisspieler. Ich lernte Tischtennis spielen und verbrachte jeden freien Tag im Sportraum des Studentenheims. Bei meiner Freundin Tatjana und ihren Sinologen entwickelte sich eine ganz andere Leidenschaft: Sie wurden Gruftis. Tatjana färbte sich die Haare, die Lippen und ihre Fingernägel schwarz, durchlöcherte ihre Strumpfhosen an allen wichtigen Stellen und schmückte sich mit Sicherheitsnadeln. Ihr Kater Schamil machte diese Grufti-Phase voll mit. Dafür brauchte er sich nicht einmal sonderlich zu schmücken.

Im dritten Semester kam ein neuer Lehrer an die Universität: Andrej Petrowitsch. Er unterrichtete das bei allen Studenten verhasste, aber unentbehrliche Fach Marxismus-Leninismus. Der Sinn dieses Unterrichts war, den angehenden Sinologen die feinen Unterschiede zwischen dem unseren und dem chinesischen Sozialismus zu erklären, damit sie später, sollten sie jemals im Leben mit Chinesen beruflich zu tun haben, ihnen politisch gewachsen waren. Der Marxismus-Leninismus wirkte sich auf die Studenten deprimierend aus und machte sie alle nervös. Jeder versuchte nach Möglichkeit, diesen Unterricht zu schwänzen, außer

Tatjana. Denn sie hatte sich in Andrej Petrowitsch verliebt. Auch Andrej Petrowitsch signalisierte ein Interesse an ihr. Für mich war diese Liebe von Anfang an zum Scheitern verurteilt. Sie waren ein viel zu ungleiches Paar. Er trug Anzug und Krawatte, sie war Grufti. Tatjana stellte zu ihrem neuen Lehrer einen privaten Kontakt her, sie trafen sich außerhalb der Universität. Anschließend erzählte sie mir alles. Andrej Petrowitsch wirkte bei den ersten Treffen verschüchtert.

Wie viele Parteimitglieder der damaligen Zeit führte Andrej Petrowitsch ein Doppelleben. Nach außen war er ein strenger Kommunist, nach innen ein radikaler Christ. Seine strahlenden blauen Augen verrieten einen Mann mit tiefem Glauben. Doch am wenigsten glaubte Andrej Petrowitsch an die Überlegenheit des Sozialismus und den Sieg der marxistischen Dialektik. In Wirklichkeit glaubte er an Jesus Christus in der christlich-orthodoxen Variante, ging dreimal die Woche in die Kirche, trug ein goldenes Kreuz unter dem Hemd und betete vor jeder Mahlzeit. Er zeigte durchaus Interesse an der jungen Tatjana, nur als Grufti konnte sie keinen Platz in seinem Herzen finden. Bald trafen sie sich regelmäßig nach dem Unterricht und führten lange Gespräche. Tatjana versuchte auf subtile Art, ihn auf ihre Gefühle aufmerksam zu machen. Andrej Petrowitsch erzählte ihr daraufhin von Hexenverbrennungen, über die Qualen eines sündhaften Lebens und über die Hölle.

Meine Freundin war verzweifelt. Ihr wurde klar, dass sie ihre Grufti-Existenz aufgeben musste, um bei Andrej Petrowitsch zu punkten. Nach langem Überlegen beschloss sie, sich zu verändern – was macht man nicht alles aus Liebe! Die Verwandlung verlief kurz, radikal und fast schmerzlos. Über Nacht verwandelte sie sich in eine orthodoxe Barbie – mit blonden Locken, einem volkstümlichen Kleid, bescheidenem Make-up, rosa lackierten Fingernägeln und einem kleinen Kreuz auf der Brust. Aus einem rebellischen, freien Grufti-Mädel wurde über Nacht eine Stewardess. Ihren Wortschatz hatte Tatjana ebenfalls gründlich bereinigt: Alle Schimpfwörter mussten raus. Ab sofort klang sie so unschuldig und korrekt wie der Soundtrack zu einer brasilianischen Seifenoper am frühen Nachmittag. In diesem neuen Look setzte sie sich auf die erste Bank im Marxismus-Leninismus-Seminar und hypnotisierte Andrej Petrowitsch. Es hatte Wirkung, es funkte. Andrej Petrowitsch brachte ständig seine Thesen durcheinander und stotterte. Nach dem Unterricht lud er sie in ein Eiscafé ein, anschließend fuhren sie zu Tatjana und schliefen zum ersten Mal miteinander. Unmittelbar danach wurde Andrej Petrowitsch aber misstrauisch. Er hatte das Gefühl, in eine Falle geraten zu sein. Seine Vermutung, dass Tatjana sich möglicherweise nur visuell, äußerlich, verändert hatte, in ihrem Innersten aber noch immer ganz die Alte geblieben war, lag nahe.

Besonders der schwarze Kater Schamil machte Andrej Petrowitsch große Sorgen. Seine Farbe und seine Manieren, die Art, wie Schamil ihn mit seinen gelben Augen durchbohrte, alles deutete darauf hin, dass der Kater des Teufels erster Diener war. Mehrmals fragte Andrej Petrowitsch deswegen Tatjana, ob der Kater wirklich russisch sei, und wenn ja, warum er dann einen solch unrussischen Namen trage. Er bat sie, den Kater umzubenennen. Die verliebte Tatjana kam seinem Wunsch nach: Der Kater wurde auf den original-russischen Namen Wasja getauft. Die Taufe führte Andrej Petrowitsch eigenhändig durch. Er bespritzte Schamil mit heiligem Wasser, der Kater schrie laut auf. Doch damit war die Hexenjagd in der Wohnung noch nicht zu Ende. Fast in jedem Zimmer witterte Andrej Petrowitsch böse Geister. Er versteckte bei Tatjana unter dem Kopfkissen ein kleines Fläschchen mit einer Reliquie. Das Fläschchen ging kaputt und verschmierte Tatjanas Bett mit einer merkwürdig klebrigen Substanz. Ferner hängte Andrej Petrowitsch an allen Ecken Ikonen mit Heiligen auf, und er zwang Tatjana, regelmäßig zu fasten.

Besonders großen Wert legte Andrej Petrowitsch darauf, dass Tatjana ihn in die Kirche begleitete. Der Kirchenbesuch sollte den endgültigen Beweis erbringen, dass Tatjanas Pakt mit dem Teufel nicht mehr galt. Beide bereiteten sich auf diesen wichtigen Einschnitt vor. Mehrmals wurde der Kirchenbesuch verschoben: Tatjana sagte zweimal ab, unter dem Vorwand, dass sie noch nicht bereit sei, in die Kirche zu gehen, einmal machte Andrej Petrowitsch einen Rückzieher – aus demselben Grund. Dann kam endlich an einem Sonntag, als in der Kirche eine neue Ikone der heiligen Mutter eingeweiht werden sollte, die passende Gelegenheit. Andrej Petrowitsch bat seine Freundin, erst einmal draußen vor der Kirchentür zu warten. „Ich hole dich rein, wenn es so weit ist", sagte er zu ihr. Wie immer, wenn sie allein war, zündete Tatjana sich neuerdings eine Zigarette an. Andrej Petrowitsch hatte ihr verboten, in seiner Anwesenheit zu rauchen. Kaum hatte sie zwei Züge gemacht, schon sprang Andrej Petrowitsch aus der Kirche. „Schnell, schnell, sie tragen gerade die neue Ikone rein!", rief er, fasste sie am Ärmel und zog sie in die Kirche. Alles passierte so schnell, dass sie nicht einmal die Zeit hatte, ihre Zigarette wegzuschmeißen. Die Kirche war halb voll, ein übergewichtiger Pope trug das heilige Bild an den Gläubigen vorbei, die sich in einer Reihe aufgestellt hatten. Die meisten wollten die Ikone oder wenigstens die Hand des Kirchendieners küssen. Tatjana stand ganz hinten, die Hände hinter dem Rücken, ihre brennende Zigarette zwischen den Fingern versteckt. Als der Pope an ihr vorbeizog, stieg der Qualm der Zigarette über ihren Kopf. „Die Braut brennt!", rief jemand aus den vorderen Reihen. Damit war sie eindeutig als Hexe identifiziert.

Tatjana lief aus der Kirche. Aber dieses Erlebnis band Andrej Petrowitsch seltsamerweise nur noch mehr an Tatjana. Er betrachtete sie fortan nicht nur als Freundin, sondern als sein ganz persönliches Schlachtfeld im Kampf mit dem Teufel. Als überzeugter Christ und Marxist-Leninist dachte Andrej Petrowitsch nicht einmal im Schlaf ans Aufgeben. Tatjana und besonders Wasja-Schamil wurden zu Kollateralschäden in seinem Kampf gegen das Böse. Mich ging dieser Andrej Petrowitsch eigentlich nichts an. Er hatte mir von Anfang an nicht gefallen. Nur meine Freundin und ihr Kater taten mir leid. Tatjana konnte trotz ihrer Anstrengungen doch keine gute Christin werden, sie konnte das Fasten nicht durchhalten und bezeichnete die Himmelfahrt als „Tag der Kosmonautik". Mit Wasja-Schamil hatte Andrej Petrowitsch nach der Umtaufe einen trügerischen Frieden geschlossen. Der teuflische Kater hatte ihm die Zeremonie jedoch nicht verziehen und wartete nur auf eine Gelegenheit, um sich zu rächen.

Einmal brachte Andrej Petrowitsch eine geweihte Hostie zu Tatjana nach Hause. Er versteckte sie auf dem Schrank. Am nächsten Tag war sie weg. Andrej

Petrowitsch machte einen großen Skandal daraus. Er behauptete, Wasja-Schamil habe seine Hostie gefunden und aufgefressen. Das war für Andrej Petrowitsch der letzte Tropfen, der das Fass zum Überlaufen brachte: Seine Geduld war zu Ende. Er stellte Tatjana vor die Wahl: Entweder er oder diese Ausgeburt der Hölle, Wasja-Schamil. Nach einer schlaflosen Nacht und unter großen seelischen Schmerzen entschied sich Tatjana für den Kater. Andrej Petrowitsch verschwand aus unserem Leben. Tatjana färbte sich zurück in Schwarz, alles wurde wie früher, der Kater saß auf dem Balkon und jagte die Vögel oder fischte im Aquarium, wir gingen baden. Einige Zeit später, während einer Routine-Putzmaßnahme, fanden wir die Hostie: Sie war hinter den Schrank gefallen.

Maus

Ein Jahr später besuchte ich Moskau, um mit meinem damaligen Freund Sascha, der mir auf die Nerven ging, endlich Schluss zu machen. Auf dem Weg nach Hause lernte ich im Schnellzug Moskau–Leningrad ein Filmteam kennen, das sich in mehreren Abteilen des Zuges verteilt hatte, sehr laut und sehr sympathisch war – ein Dutzend junger, langhaariger Männer mit Kameras, Scheinwerfern und zu ihnen gehörenden Frauen. Einer aus der Gruppe sprach mich an: „Hey, kennst du dich in Leningrad aus? Wir müssen nach Wyborg." Die Filmemacher wollten in Wyborg auf einem Rockfestival drehen. Ich hatte Zeit und beschloss, mit ihnen zu fahren. Meine neuen Bekannten hatten jede Menge zu erzählen. Noch vor Wyborg waren wir dicke Freunde.

Das Festival fand am Ufer der Wyborger Bucht statt, dort hatte man im Freien eine Bühne aufgebaut. Das Konzert ging bis spät in die Nacht, Züge fuhren nicht mehr. Für die knapp tausend Besucher gab es keine Möglichkeit, Wyborg noch in derselben Nacht wieder zu verlassen. Also hockten die meisten um ein Lagerfeuer am Ufer, gingen baden und tranken Wein und Bier. Viele Beziehungen entstanden in dieser Nacht. Ich saß mit meinen neuen Freunden ebenfalls am Lagerfeuer, mit einem von ihnen habe ich mich besonders eng angefreundet. Er hieß Andrej Remington, ein sowjetischer Engländer in der dritten Generation, wie er von sich behauptete. Seine Großeltern hatten den Fehler gemacht, das neblige England gegen das verschneite Russland zu tauschen. Einer seiner Uronkel war der berühmte Erfinder der Remington-Schreibmaschine, was Andrej nicht müde wurde, allen mit Stolz zu erzählen. Dabei schaute er immer so ernst, als ob er selbst maßgeblich an dieser Erfindung beteiligt gewesen sei. Auch behauptete er, dass er sich nur zufällig in der Sowjetunion aufhalte und sehr bald zurück zu seinen Wurzeln nach England gehen würde. Die Koffer habe er bereits gepackt. Obwohl niemand Andrejs Geschichten ernsthaft glaubte, verlieh ihm besonders die Sache mit der Schreibmaschine einen gewissen Charme.

Am nächsten Morgen fuhren wir alle mit dem ersten Zug nach Leningrad. Das Filmmaterial war vielversprechend, der größte Teil der Gruppe kehrte nach Moskau zurück, um den Film fertig zu schneiden. Andrej blieb noch einige Tage in Leningrad. Ich zeigte ihm die Stadt, jeden Tag gingen wir ins Café „Torten und Kuchen" und ins Café „Nord". Dann fuhr Remington nach Moskau zurück. Ich musste ihm versprechen, ihn so schnell wie möglich dort zu besuchen. Als ich endlich so weit war, rief ich Remington an. „Entschuldige, dass ich dich nicht vom Bahnhof abholen kann, komm einfach zu mir ins Büro", sagte er und gab mir die Adresse.

Andrej arbeitete als Ingenieur in einem wissenschaftlichen Institut im Zentrum Moskaus. Von früh bis spät saß er in einem sehr kleinen Raum. Mit ihm teilten sich noch zwölf weitere Ingenieure eine Arbeitsfläche von sieben Quadratmetern. Links und rechts von diesem Büro befanden sich andere Büros, die auch vollgestopft mit Ingenieuren waren. Alle Fenster im Institut waren zugeklebt, und viele Treppen führten in eine Sackgasse. Ich hatte anfangs große Mühe, Andrejs Büro zu finden. Von meinen früheren Besuchen der Hauptstadt wusste ich, dass es in Moskau sehr viele solcher merkwürdigen Gebäude gab, die einem Labyrinth ähnelten. Auf der Suche nach Andrej durchkämmte ich beinahe alle Stockwerke, bis ich auf einem Korridor eine Tür bemerkte, die alle zwei Minuten auf- und zuging. Jedes Mal kamen seltsame Geräusche aus dem Raum. Ich hatte mich nicht geirrt: Es war Remingtons Büro. Sein Tisch stand genau an der Tür, die er immer wieder aufmachte, um sich zu räuspern oder zu husten. Die angeborene englische Höflichkeit erlaubte Andrej nicht, den Kollegen ins Gesicht zu niesen, er nieste nur im Korridor.

Remington war ein untypischer Moskauer. Er sah dem jungen Byron ähnlich, hatte eine große Vorliebe für schwarzen Humor und trug außerordentlich weiße Hemden. Außerdem war Andrej sehr abergläubisch. Besonders die Zahl dreizehn hatte es ihm angetan.

Seine Abneigung gegen diese Zahl ging so weit, dass er am Dreizehnten jeden Monats die Arbeit schwänzte und seine Wohnung nicht verließ, was in der damaligen Sowjetunion durchaus als ein schwerwiegendes Verbrechen eingestuft werden konnte. Er traute sich nicht einmal, an diesem Tag Tee aufzusetzen, von irgendwelchen anderen Tätigkeiten ganz zu schweigen. In seinem Büro war er wegen seiner Merkwürdigkeiten unbeliebt, aber seine Chefs duldeten sie, denn sie schätzten ihn. Sie drückten ein Auge zu, wenn Andrej am Dreizehnten nicht erschien, dafür durfte er aber an keinem anderen Tag seinen Arbeitsplatz verlassen, selbst dann nicht, wenn er eine Freundin vom Bahnhof abholen wollte. Andrej selbst war mit seiner Arbeit ziemlich unglücklich. Er war überzeugt, dass dieses Büro ihm Unglück bringe – immerhin war er der dreizehnte Ingenieur im Raum.

Remington wohnte in einer Einzimmerwohnung, zusammen mit einer Katze namens Maus. Mit ihrem kurzen grauen Haar, ihren langen Beinen und tieftraurigen gelben Augen wirkte Maus wie ein Wesen aus dem All. Sie wurde als Baby von Remington aus einem überfluteten Keller gerettet, in dem sie unter ihren toten Artgenossen fast ohnmächtig hin- und hergeschwommen war. Dieses tragische Kindheitserlebnis hatte zweifellos in der Psyche von Maus tiefe Spuren hinterlassen. Wenn Remington Besuch hatte, musste Maus im Geschirrschrank eingesperrt werden – in dem einzigen abschließbaren Schrank, den es in der Wohnung gab. Wenn der Besuch unangemeldet kam und Maus noch frei herumlief, sprang sie dem Gast sofort auf den Rücken und ritt auf ihm durch die ganze Wohnung. Dabei miaute sie wie wild. Man konnte Maus nur zusammen mit der Haut des Gastes vom Rücken entfernen. Ihr schreckliches Benehmen erklärte sich daraus, dass sie in ihren einstigen Retter, Andrej Remington, total verknallt und auf alle anderen teuflisch eifersüchtig war.

Mit dem Alter wurde Maus etwas ruhiger und auch etwas toleranter zu den Besuchern, blieb jedoch ziemlich ungezogen. Sie aß nur aus den Händen ihres Herrn und nur gefrorenen Fisch der Sorte „Mintaj". Ihre Mahlzeiten sahen aus wie ein religiöses Ritual. Zuerst jagte Maus den gefrorenen „Mintaj" durch die ganze Wohnung, fing ihn mit den Zähnen, knurrte und klopfte ihn auf den Boden – bis zum vollständigen Tod des ohnehin toten Fisches. Ihre Toilette stand auf dem Balkon; so wollte Maus es haben, behauptete Remington. Die Katze ging bei jedem Wetter auf den Balkon. Mich hat Maus relativ freundlich aufgenommen, sie saß sogar mehrmals auf meinen Knien, saugte sich an meiner Hand fest und hinterließ blaue Knutschflecken. Nachts setzte sie sich auf die Bettdecke. Die anderen Gäste des Hauses hat sie gelegentlich attackiert. Manchmal sprang Maus einem Gast direkt ins Gesicht und wurde dafür mit dem Badetuch oder einem Pantoffel geschlagen.

Alle zwei Monate fuhr ich von Leningrad nach Moskau, besuchte Remington und seine Katze. Einmal lernte ich bei Andrej einen seiner Freunde kennen, einen Drehbuchautor namens Iwan, der einen weiten Weg von Kolyma im äußersten Norden nach Moskau unternommen hatte, um die hauptstädtischen Filmstudios zu erobern. Iwan war ein überdimensionaler Mann, groß wie ein Berg, naiv und direkt wie ein Provinzler. Er zog bei Remington ein, zuerst, um angeblich auf Maus aufzupassen, während Andrej auf der Krim Urlaub machte, danach blieb Iwan einfach. Ab da lebten sie zu dritt. Maus hasste Iwan wie die Pest, sie erklärte ihm den Krieg. Für den angehenden Drehbuchautor kam dieser Krieg völlig unerwartet. Als offener und gütiger Mensch hatte Iwan in seinem jungen Leben von Menschen und Tieren bisher nur Gutes zu spüren bekommen: Liebe, Freundschaft, Verständnis. Maus versuchte gleich am ersten Tag, ihm die Kehle durchzubeißen. Die ersten Tage schüttelte Iwan nur den Kopf und verteidigte sich ungeschickt, wobei er große Fleischwunden davontrug. Am dritten Tag mobilisierte er alle Badetücher und Pantoffeln in der Wohnung und startete eine Gegenoffensive. Maus flog wie ein Wundervogel aus einer Ecke in die andere, Iwan schwang die Tücher in der Luft und schmiss mit Pantoffeln um sich. Seine Treffsicherheit war nicht besonders hoch, doch die Kräfte waren ungleich. Nach kurzer Zeit musste Maus ihre Niederlage eingestehen. Ein Beziehungsaufbau fand aber nicht statt. Maus hasste Iwan nach wie vor, nur ging sie ihm aus dem Weg. Aus Sicherheitsgründen mied sie eine offene Konfrontation mit diesem Dauerbesucher. Als Remington aus seinem Urlaub zurückkam, entfachte Maus ihre Liebe zu ihm mit neuer Kraft, den Drehbuchautor ignorierte sie weitgehend.

Eine besondere Eigenschaft von Iwan war, dass er dauernd in irgendwelche komischen Geschichten verwickelt war. Einmal versuchte er eine ihm unbekannte Frau vor einem Hooligan in der Straßenbahn in Schutz zu nehmen. Iwan schlug dem Hooligan ins Gesicht, woraufhin die Frau zu schreien anfing: „Hilfe! Er hat meinen Mann umgebracht!" Iwan landete auf der

Polizeiwache. Ein andermal fing Iwan mit Remington auf einer Party eine Diskussion über fernöstliche
Kampfsportarten an, die angeblich auch in seiner sibirischen Heimat sehr populär waren. Sie gingen auf
den Balkon, um eine Zigarette zu rauchen. Wenig
später hörten die anderen Anwesenden einen kurzen
Schrei vom Balkon, sie schauten nach – und fanden
dort nur noch zwei Paar Pantoffeln. Was den Flug der
beiden aus dem zweiten Stock verursacht hatte, blieb
unklar, die Folgen dagegen nicht: Remington hatte
eine zerknautschte Zigarette im Mund und ein paar
Flecken auf seinem Hemd, Iwan hatte sich den Hals
verknackst und musste ein paar Monate lang mit einem
Gipskragen herumlaufen. Als er wieder gesund war,
bereitete er sich auf einen wichtigen Termin in einem
Filmstudio vor. Zu diesem Anlass hatte er sich besonders hübsch zurechtgemacht, seinen einzigen Anzug
aus dem Schrank geholt und eine passende Krawatte
von Remington geliehen. In diesem feierlichen Outfit
verließ er die Wohnung und kam fünf Minuten später
zurück, von Kopf bis Fuß mit Blut beschmiert. Am
Eingang des Hauses, in dem Remington wohnte, gab
es eine Glastür, das Glas war jedoch schon seit Jahren
zerschlagen, die Hausbewohner hatten bereits viele
böse Briefe an die Verwaltung geschrieben, jedoch
ohne Ergebnis. Niemand gab sich mehr Mühe, diese
Tür aufzumachen, alle gingen einfach durch die Tür
durch. An dem Tag, als Iwan seinen wichtigen Termin
hatte, war ohne Vorankündigung eine neue Tür eingesetzt worden, mit einer sauber geputzten Glasfüllung
– durch die Iwan einfach durchmarschiert war. Die anderen Hausbewohner hatten gar nicht mitbekommen,
dass tatsächlich eine neue Tür eingesetzt worden war,

wenn auch nur für eine sehr kurze Zeit. Sie schrieben ihre Beschwerden wie gewohnt weiter.

In all diesen Geschichten hatte Iwan immer die Opferrolle. Trotz seiner kräftigen Statur war er immer der Beleidigte und Erniedrigte. Auch beruflich kam er nicht voran, bis er sich eines Tages in eine Verwandte von Remington verliebte, eine zierliche kleine Frau mit zärtlichen Händen und grauen Augen. Sie reichte ihm kaum bis zum Nabel. Iwan legte sein Schicksal sofort in diese zärtlichen Hände, zog aus Andrejs Wohnung aus, wurde Vater und machte Karriere. Maus bandelte unterdes mit einem Kater aus der Nachbarschaft an, der gelegentlich von seinem Balkon aus auf den Balkon von Remington sprang. Sie gebar zwei Babys. Andrej packte sie in einen Holzkasten mit Löchern und schickte sie mit einem Bekannten nach Leningrad. Das eine Baby war für mich bestimmt, das andere für einen Sänger namens Boris, den ich zusammen mit Andrej damals bei dem Rockfestival in Wyborg kennengelernt hatte.

Ein Jahr später und völlig unerwartet für alle, ging der Eiserne Vorhang auf. Andrej Remington, der sich nach wie vor in allen Gesprächen als geborener Engländer ausgab, ständig von seinen britischen Wurzeln, von der Schreibmaschine et cetera erzählte, wobei kaum jemand noch seinen Geschichten zuhörte, bekam gleich danach einen Haufen Geld und eine Einladung nach London – von irgendwelchen englischen Remingtons. Er nahm die bereits gepackten Koffer und fuhr sofort hin. Maus wurde in „liebevolle Hände" abgegeben. Sie hielt es aber in diesen liebevollen Händen ohne ihren Herrn nicht einmal eine Woche aus – und verübte Selbstmord.

Dem Bericht eines Freundes zufolge sprang sie aus einem Fenster im vierzehnten Stock.

Ich bekam von Remington zur Erinnerung an unsere Freundschaft ein Buch. Ein aus irgendeiner Bibliothek geklauter sechster Band der Gesamtausgabe von Heinrich Heine, „Das Buch der Lieder". Auf dem Titelblatt stand statt einer Widmung „DAS MONDLICHT".

Patrizia, die Tochter von Maus

Die beiden Katzen, die Andrej Remington nach Leningrad geschickt hatte, wurden dort von niemandem erwartet. Der Überbringer hatte sie vor der Tür des Sängers Boris in einem Karton abgesetzt, der Sänger war gerade auf einer Tournee. Doch Boris' Wohnung war nie leer, dort lebten ständig irgendwelche weiblichen und männlichen Fans, Bekannte, Halb- und Viertelfreunde, die sich dort alle wie zu Hause fühlten. Als die Katzen aus Moskau ankamen, wohnte bei Boris ein Lebenskünstler, den alle Liverpooler nannten. Diesen Spitznamen bekam er für sein ausländisches Aussehen – er hatte lange graue Locken und trug eine Brille mit runden Lennon-Gläsern, außerdem hatte er angeblich tatsächlich mal ein Jahr in Liverpool verbracht, wo er seinen richtigen Namen vergessen habe.

Der Liverpooler hatte den Zettel, der neben dem Katzenkarton lag, nicht gelesen, er hielt die beiden für eine ausgefallene Fanpost und beschloss, sie sogleich zu entsorgen, um seinem Freund Boris das schwere Leben nicht noch schwerer zu machen. Der Liverpooler rief mich an und fragte, ob ich nicht ein paar Katzen gebrauchen könne. Ich nahm eine, ohne zu wissen, dass sie aus Moskau stammte, ohne zu wissen, dass sie die Tochter von Maus war, und ohne zu wissen, dass sie für mich bestimmt war. Ich war damals gerade mit der Ausstattung meiner ersten eigenen Zweizimmerwohnung beschäftigt, die ich nach jahrelanger Suche zur Untermiete bekommen hatte.

Nichts verändert das Leben so rasant wie ein fester Wohnsitz. Kaum ist man irgendwo sesshaft, schon häufen sich die Gegenstände und Lebewesen um einen herum. Ich bekam als Erstes einen gebrauchten Kühlschrank geschenkt, und mein damaliger Freund Alex zog sofort bei mir ein. Für ein wohlgeratenes Wohnkonzept fehlte nur noch eine Katze. Ich verabredete mich mit dem Liverpooler zur Katzenübergabe in der Metrostation Akademitscheskaja – 600 Meter unter der Erde. Nach den ersten 200 Metern auf der Rolltreppe abwärts konnte man die Katze schon hören. Obwohl die Metrostation voller Menschen war, fanden wir den Liverpooler schnell, wir gingen dem Katzengeschrei nach.

Das Kätzchen war sehr klein, aschgrau, mit gelben Augen. Sofort dachte ich: Wie ähnlich sie der Maus sieht. Sie hätte ihre Tochter sein können. Wir nannten sie Patrizia, nach Patti Smith, die ich damals sehr verehrte. Als Erstes fraß Patrizia alle Zeichenstifte meines Freundes auf, sie vernichtete mein Strickzeug und kippte permanent ihren Teller um. Ich hatte zuvor noch nie ein so bösartiges Wesen erlebt. Jeder Tiger war kuscheliger als Patrizia. Sie griff die Menschen an und biss und kratzte alles, was sich bewegte. Für Alex war Patrizias anarchistisches Verhalten eine Herausforderung. Er machte es sich zur Hausaufgabe, die Katze zu erziehen. Einmal sperrte er sie in der Toilette ein.

Sie rächte sich dafür, indem sie sechs Rollen Toilettenpapier zerfetzte. Patrizia versuchte im Gegenzug, Alex zu erziehen. Sie fand seine Fotoutensilien – Fotopapier nebst Chemikalien – und vernichtete sie. Alex sperrte sie auf dem Balkon ein. Patrizia pinkelte in seine Schuhe. Alex schmiss ihre Fischkonserven weg, Patrizia klaute ihm seine Bulette direkt vom Teller. Der Krieg zwischen Mensch und Tier dauerte an. Nach zwei Monaten sah ich ein: So konnte es nicht weitergehen. Man muss dazu sagen, dass ich Patrizia sehr mochte und gut mit ihr auskam. Alex mochte ich aber auch. Er stellte mich jedoch vor die Wahl: entweder er oder die Katze. Ich war hin- und hergerissen. Die Situation spitzte sich jeden Tag aufs Neue zu.

Andrej Remington kam aus Moskau zu Besuch. Ich holte ihn vom Bahnhof ab. Wir gingen spazieren. Andrej erzählte mir von den zwei Katzenbabys von Maus, die er nach Leningrad geschickt hatte, und dass eine der kleinen Katzen für mich bestimmt war. Sofort wurde mir klar, wer Patrizia war. Ich erzählte Andrej von dem Krieg, der bei uns in der Wohnung herrschte. Andrej wollte mir nicht glauben. „Ich kenne Alex als einen sanften, gutmütigen Menschen. Er ist doch so ein toleranter, streitfauler Mensch", verteidigte er meinen Freund. „Dann schau dir das an", lud ich ihn ein.

Alex war nicht zu Hause. Viele leere Flaschen in der Küche deuteten darauf hin, dass er auch Besuch gehabt, viel Alkohol mit mir unbekannten Freunden getrunken hatte und wahrscheinlich in die Stadt gefahren war, um etwas frische Luft zu tanken. Ich setzte Tee auf. „Wo ist denn eure Katze?", fragte Remington. Patrizia war nirgendwo zu sehen. Sie hat sich wahrscheinlich versteckt, dachte ich. Wir tranken Tee mit

Cognac, Andrej erzählte mir Neuigkeiten von unseren gemeinsamen Bekannten in Moskau – von Iwan und seiner Cousine. Ab und zu kamen seltsame Geräusche aus dem Kühlschrank, die ich nicht weiter beachtete. Der Kühlschrank war alt, er schaltete sich mit lautem Knacks ein und wieder aus und benahm sich auch sonst ziemlich eigenwillig. Nach einer Weile kamen uns jedoch diese Geräusche verdächtig vor. Es war, als würde jemand von innen gegen die Tür schlagen. Ich machte den Kühlschrank auf und fand im Gefrierfach Patrizia. Trotz niedriger Temperatur sah sie quicklebendig aus. Wir waren erschüttert. Nach unseren Berechnungen hatte Patrizia mindestens drei Stunden im Kühlschrank verbracht. Als Alex nach Hause kam, machte ich ihm eine Szene. „Wie konntest du nur?", fragte ich ihn vorwurfsvoll. Alex verteidigte sich, er behauptete, er wollte Patrizia nur für fünf Minuten in den Kühlschrank einsperren, um ihren Kriegseifer etwas abzukühlen, und hatte dann vergessen, sie wieder rauszunehmen. Auch Andrej war entsetzt. Mir wurde klar, dass es mit den beiden so nicht weitergehen konnte. Zähneknirschend entschied ich mich für Alex. Heute hätte ich mich anders entschieden, aber im Nachhinein ist man immer klüger. Niemand wollte Patrizia haben, alle unsere Freunde hatten schon irgendwelche Kätzchen. Ich bildete mir ein, weit weg von der Großstadt, irgendwo auf dem Land, würde es Patrizia besser gehen. Nur kannten wir niemanden da draußen.

Unser alter Freund Michael Limonidi, ein Leningrader Dichter, half uns, ein neues Zuhause für Patrizia zu finden. Limonidi hatte einen jüngeren Bruder, Anton Limonidi, der das absolute Gegenteil von ihm war. Während der ältere Bruder sich ausschließlich mit hohen Idealen beschäftigte, interessierte sich sein Bruder, der damals in die siebte Klasse ging, nur für Waffen. Anton gehörte einer Clique an, die jedes Wochenende die Umgebung von Leningrad nach alten Waffen aus dem Zweiten Weltkrieg absuchte. Leningrad war 1941 bis 1944 von den Deutschen eingekesselt worden, in der Nähe von Pskow und Nowgorod hatten große Schlachten stattgefunden. Es lag also noch mehr als genug altes Eisen in der Umgebung der Stadt herum. Die Waffen lagerten die Jungs in großen Mengen bei Limonidi in der Wohnung, zuerst im Keller, dann unter Antons Bett, im Schrank und bald einfach überall in der Wohnung. Sie sah aus wie ein Waffenmuseum. Einmal hatten die Jungs ein Stück von einem Torpedo am Ladogasee gefunden. Es war hundert Kilo schwer und sah gewaltig aus. Trotzdem hatten diese Waffennarren ihren Fund in den Rayon Tschornaja Retschka geschleppt, da, wo Puschkin einst im Duell erschossen worden war, und ihn bei Limonidi auf dem Balkon abgestellt. Dabei machten sie jedoch die Polizei auf sich aufmerksam: Die Polizisten brauchten einen LKW und eine ganze Brigade, um alle Waffen aus der Wohnung abzutransportieren. Für Anton sah es danach nicht gut aus, er entkam nur knapp dem Jugendknast. Seine Mutter beschloss, ihren jüngsten Sohn aufs Land zu schicken – zu einem entfernten Verwandten, einem orthodoxen Priester, der mit seinen sechs Kindern in einem kleinen Dorf lebte. Dort sollte der junge Limonidi zu einem anständigen Mitglied der Gesellschaft umerzogen werden. Sein älterer Bruder gab ihm unsere Katze mit auf den Weg, er sollte sie auch bei dem guten Priester unterbringen. Anton schrieb uns lange Briefe, manchmal rief er uns auch an. Er erzählte, Patrizia sei auf dem Land dick, ruhig und orthodox geworden. Sie war von den Priesterkindern umgetauft worden und hieß nun Maria. Nur manchmal würde sie noch in Großstadtstimmung kommen, dann jage sie die ganze Familie durchs Haus.

Murotschka

Im Sommer 1984 lief der Untermietvertrag für unsere Wohnung aus. Alle zwei Monate zogen wir nun um, manchmal mieteten wir nur für zwei Wochen eine Wohnung. Wenn wir kein Geld hatten, übernachteten Alex und ich bei Freunden oder sogar bei uns kaum bekannten Leuten, die uns ein Bett zu Verfügung stellten. Mir wurde klar, dass es so nicht weitergehen konnte. Das Wohnungsproblem zerfraß unser Leben; weder ich noch Alex hatten eine polizeiliche Anmeldung für Leningrad und folglich keine Bleibe und keinen Job. Früher oder später mussten wir diese Stadt verlassen. Drei Varianten standen zur Auswahl – die Insel Sachalin im Pazifik, wo meine Eltern noch immer lebten und arbeiteten, die kaukasische Stadt Grosny, Hauptstadt der tschetschenischen autonomen Republik – dort hatte meine Großmutter ein großes Haus, und mein Onkel leitete in Grosny eine Baustelle. Die dritte Variante hieß Lettland. Denn mein Freund Alex stammte von dort – aus einer Stadt mit dem wunderbar ausländisch klingenden Namen Daugavpils. Ohne lange zu überlegen, entschieden wir uns für Lettland; ausschlaggebend war die Nähe zu Mitteleuropa und die Nähe zu Leningrad – eine Nachtfahrt mit dem Zug.

Aus Sachalin oder Grosny wären wir nicht so leicht wieder weggekommen. Ich stellte mir Daugavpils als Vorposten der europäischen Zivilisation auf unserem asiatischen Boden vor: kleine Cafés und Restaurants, höfliche Menschen und sauber gefegte Straßen. Mein Freund, der viele Jahre dort verbracht hatte, wusste es besser, wollte mich aber nicht vorzeitig enttäuschen.

Daugavpils war eine große Enttäuschung, alles andere als europäisch. Im Grunde war es ein großes Chemiekombinat mit über 100 000 Bewohnern, an der Grenze zu Litauen und Weißrussland und nicht weit von Russland. Die Letten bildeten in der Stadt eine deutliche Minderheit. Die einzige Sehenswürdigkeit von Daugavpils war der Fluss Daugava – breit und schmutzig. Am Ufer stand ein Denkmal – ein riesengroßer gestiefelter Arbeiter, der einen Lappen in der Hand hielt. Er schaute etwas bockig über die Stadt in den Himmel. Im Volksmund hieß dieses Denkmal „Genossen, wer hat seinen Schal verloren?"

Auf dem Leninplatz stand die zweite und letzte Plastik von Daugavpils – ein Lenin natürlich, aber einer der besonderen Sorte. Dieser lettische Lenin war dermaßen warm angezogen, als hätte er vor, den Nordpol zu erobern. Er hatte sogar eine Pelzmütze auf und trug dicke Fäustlinge. So einen Lenin hatte ich zuvor noch nie gesehen. Sogar im nördlichen Sachalin stand er in leichtem Herbstmantel auf dem Sockel. Die Plastik hätte uns damals eine Warnung sein können, „Das Leben hier ist kein Zuckerschlecken, zieht euch warm an!", wollte uns das nicht der Bildhauer damit vermitteln? Aber wir haben seine Botschaft nicht wahrgenommen und nur die ganze Zeit gelächelt. In Daugavpils machten sich die Bewohner einen Spaß daraus, ihrem Winter-Lenin nachts Skier unter die Arme zu stellen. Dieser typische lettische Humor entfaltete sich jedes Mal vor den Augen des KGB, dessen Büros sich direkt vor dem Denkmal befanden, und wahrscheinlich hatten die Agenten nichts anderes zu tun, als die ganze Zeit das Denkmal zu beobachten und die Stimmung der Bevölkerung einzuschätzen. Sonst war in Daugavpils nichts los.

Wir kamen in dieser Stadt wie zwei Fremdkörper an. Die Einheimischen regten sich schon auf, wenn sie uns nur auf der Straße sahen. Wegen unserer Tropfenbrillen, unseren zerrissenen Jeans und den langen Haaren, die nicht nach der dortigen Mode zu einer komplizierten Hochfrisur zusammengekämmt worden waren, sondern frei im Wind flatterten. Unsere Zigarettchen, meine Plateauschuhe – sie zeigten mit dem Finger auf uns, schimpften laut oder gaben uns auf der Stelle Ratschläge zur Verbesserung unseres Aussehens. Daugavpils war ein verfluchter Ort. Alle Frauen trugen Kopftücher und lange Röcke, die Männer Wattejacken und Portweinflaschen in den Hosentaschen.

Im Café „Parsla" – „Scheeflöckchen" auf Deutsch – versammelte sich die einheimische Intelligenzija. Sie trank Kaffee, aß Eis und tauschte philosophische Literatur aus. Außerdem besprach sie ihre Erdbeer- und Gurkenernte. Wie viele Konfitüregläser und Gurkendosen hat die Intelligenzija für den kommenden Winter eingemacht? Das war das Hauptthema in jenem Sommer. Dann, wenn es kalt wurde, saßen sie in ihren Küchen, aßen Gurken und Konfitüre und lasen Kant, Hegel und Laotse.

Das einzige Verkehrsmittel in Daugavpils war eine klapprige Straßenbahn, die deutlich zu alt war, um noch zu fahren. Diese Straßenbahn hatte aber auch keine Bedeutung, die ganze Stadt konnte man in zwei Stunden ohne Anstrengung von einem Ende zum anderen zu Fuß durchqueren.

Die Mutter von Alex übergab uns ihre Wohnung, sie selbst zog bei ihrer alten Mutter ein. Ihre Einzimmerwohnung lag am Rande der Stadt, in einem Bezirk namens „Chemiekombinat", den alle nur „Chemie" nannten. Die Menschen, die hier lebten, nannte man dementsprechend „Chemiker".

Mein Freund fand einen Job als Wächter bei einer Autoreparaturwerkstatt. Seine Aufgabe war es, ein Dutzend kaputte Traktoren zu überwachen, die dort auf dem Hof vor sich hin rosteten und höchstens noch mit einem Sprengsatz in Bewegung gebracht werden konnten. Alex hatte jedoch den Ruf, ein radikaler politischer Dissident zu sein, und deswegen Schwierigkeiten, sogar diesen Job zu bekommen.

Ich konnte nicht einmal eine solche Arbeit finden, weil meine Papiere irgendwo unterwegs von Sachalin nach Daugavpils auf der Strecke geblieben waren. Ich hatte trotzdem genug zu tun, denn außer einer Wohnung bekamen wir von Alex' Mutter auch noch einen Hund. Es war nicht irgendein Hund, sondern der Lieblingshund meines Freundes, von dem er mir jedoch kaum etwas erzählt hatte. Alex liebte ihn und streichelte ihn gerne. Alles andere musste ich erledigen – mit dem Hund zweimal am Tag spazieren gehen, ihn füttern, waschen und unterhalten. Es war ein roter Spitz namens Piff, der einem Fuchs ähnlich sah. Piff war außerordentlich intelligent und freundlich, aber sehr von der Mutter verwöhnt. An den Wochenenden gingen wir ins Café „Parsla", um uns mit der Intelligenzija zu unterhalten. Untereinander schimpften sie oft und gerne über Daugavpils, uns gegenüber zeigten sie sich aber als große Patrioten. „Unsere Stadt ist im dreizehnten Jahrhundert erbaut worden! Dreimal älter als Leningrad!", behaupteten sie. „Davon ist hier aber nichts zu sehen", konterte ich, „es gibt hier doch nichts Sehenswürdiges, keine alten Häuser, keine Schlösser …" „Stimmt nicht", regte sich die einheimische Intelligenzija auf, „wir haben hier einen Park und ein Schloss, gar nicht weit von der Stadtgrenze entfernt."

Ein Park und ein Schloss, das hörte sich gut an. Am nächsten Wochenende beschlossen wir, gemeinsam mit der Intelligenzija einen Ausflug nach dorthin zu unternehmen. Ich zog mich festlich an, um in dem Schloss eine gute Figur zu machen. Wir nahmen Piff mit und gingen los. Die Intelligenzija erzählte uns unterwegs von den Wundern, die auf uns warteten. „Park und Schloss! Schloss und Park!" Wir gingen durch die Stadt, dann durch einen Wald, der Weg wurde immer enger, bis er ganz verschwand. Piff blieb andauernd in irgendwelchen Büschen stecken, wir mussten ihn manchmal zu dritt da wieder rausziehen. Der Hund schien von uns allen der Einzige zu sein, der die Freude an diesem Ausflug nicht verlor. Der Wald endete an einem frisch gepflügten Feld. „Wo sind denn nun der Park und das Schloss?", fragte ich. „Nicht mehr weit", versicherte mir die Intelligenzija. Wir gingen weiter, quer über das Feld. Nach einigen Minuten kam ein älterer Mann aus den Büschen – mit einem Gewehr; er zielte auf uns und empfahl uns, so schnell wie möglich vom Feld zu verschwinden. Wir gingen um das Feld herum. Aus dem Dorf kamen zwei Tahiti-Schweine – klein und schwarz, wie auf den Bildern von Gauguin.

Piff bellte sie an, konnte aber damit bei den Schweinen keinen Eindruck schinden. Fröhlich grunzend liefen sie weiter hinter uns her. Nach einer Stunde sahen alle Mitglieder unserer Wandergruppe gleich mürbe aus, man konnte auch den Hund nicht mehr von den Schweinen unterscheiden. Nach weiteren zwei Stunden kamen wir an einen Fluss. „Wo sind denn nun endlich das Schloss und der Park?", fing ich wieder an, obwohl meine Frage angesichts des langen Weges ziemlich überflüssig klang. Alle wollten nur noch nach Hause. Am Ufer des Flusses befanden sich mehrere große Erdlöcher. Darin saßen schmutzige Studenten, die eine archäologische Ausgrabung vornahmen. Sie erzählten uns, dass früher viele Ostseebarone in dieser Gegend angeschwemmt worden waren, sie hätten ihre Knochen und andere Gegenstände in dem sandigen Boden hinterlassen. Als Beweis zeigten sie uns ein paar Scherben, die sie gerade eben ausgegraben hatten. Wir wünschten den angehenden Archäologen viel Erfolg und kehrten um. „Schloss? Park?", hänselte ich unsere einheimischen Freunde weiter. Sie schwiegen. Die zwei Tahiti-Schweine begleiteten uns fast bis zur Haustür in Daugavpils, Piff hatte sich inzwischen die Schweinesprache zu eigen gemacht und grunzte wie ein Ferkel.

Nach diesem missratenen Ausflug blieben wir an den Wochenenden meistens zu Hause. Nur Piff erlaubte sich ab und zu längere Spaziergänge durch unbekannte lettische Landschaften. Neben unserem Haus befand sich ein Teich mit einer verwilderten Hanfplantage. Zweimal am Tag ging ich mit Piff um den Teich herum spazieren. In der Regel benahm er sich anständig, nur manchmal, wenn ihm ganz langweilig wurde, machte er eine geschickte Kopfbewegung, befreite sich vom Halsband und lief in die Büsche. Es war sinnlos, ihn zu verfolgen. Nach ein paar Stunden kam er von allein nach Hause und kratzte an der Tür.

Eines Tages machte ich die Tür auf – draußen saß Piff, aber er war nicht allein. Neben ihm saß eine wunderschöne dreifarbige Katze. Sie machte einen sehr kuscheligen Eindruck, flaumig, aber graziös, mit einem langen Hals, einem weißen Bauch und einem roten Schwanz. Beide gingen rein, die Katze aß und trank aus Piffs Teller, ließ sich von Piff durch die Wohnung führen, sprang auf den Küchenschrank, spazierte graziös zwischen allen Vasen und Töpfen, ohne sie zu berühren, und verschwand schließlich unterm Sofa. Jedes Mal, wenn Piff versuchte, die Katze da unten zu besuchen, bekam er von seiner neuen Freundin eins auf die Schnauze. Wir beschlossen, den Gast erst einmal in Ruhe zu lassen. Am nächsten Tag schob ich das Sofa zur Seite, um nachzugucken, ob alles in Ordnung war. Unter dem Sofa saßen vier Katzen. Die uns nun schon bekannte Katze, die zufrieden schnurrte, und drei Babys, die sie in der Nacht bekommen hatte. Sie hingen an ihrer Brust – ein schwarzes, ein weißes und ein rotes. Piff lief aufgeregt und stolz um das Sofa herum, als ob er der Vater wäre.

Die Katze sah sehr gepflegt aus, man konnte sich nicht vorstellen, dass sie auf der Straße lebte. Ich fragte die Nachbarn und bekam heraus, dass diese Katze Murotschka hieß und einer älteren Dame gehörte, die für mehrere Wochen in den Urlaub gefahren war. Zuvor hatte sie die Nachbarn beauftragt, auf Murotschka aufzupassen. Bis die eigentliche Besitzerin zurückkam, blieb Murotschka bei uns, auch später besuchte sie uns immer wieder gern. Ich überlegte schon, eines der Babys bei uns aufzunehmen. Doch dann passierte etwas, was mich von dieser Idee wieder abbrachte. Meine Papiere waren endlich aus Sachalin gekommen, ich wurde von der Stadtverwaltung aufgefordert, sofort eine Arbeitsstelle anzunehmen und mich bei der Polizei zu registrieren. Das bedeutete: Daugavpils für immer oder zumindest für eine sehr, sehr lange Zeit. Mit diesen Papieren in der Hand, auf dem Weg zur Polizeimeldestelle an dem Winter-Lenin vorbei, wurde mir plötzlich klar, dass ich niemals und unter keinen Umständen dort leben konnte und wollte. Wenn schon Sowjetunion, dann nur Leningrad, dachte ich. Und ich war entschlossen, dafür zu kämpfen. Der Zauberschlüssel zur Lösung unseres Problems hieß: überregionaler Wohnungstausch. Das ganze Café „Parsla" lachte mir ins Gesicht, als ich dort von meinem Plan erzählte. Sogar die hartgesottensten einheimischen Patrioten konnten sich nicht vorstellen, dass jemand freiwillig Leningrad gegen ihr Heimatstädtchen tauschen würde. Ich hatte also schlechte Karten: eine Einzimmerwohnung am Rande von Daugavpils, neben einem Chemiekombinat, das täglich giftige Stoffe in den Himmel ausspuckte, im letzten Stock eines Plattenbaus ohne Fahrstuhl und ohne Balkon. Der einzige Trumpf war der Blick auf einen Wald und der kleine versumpfte Teich neben dem Haus, den man mit etwas Fantasie als einen kleinen See präsentieren konnte. In der Abendzeitung „Der Chemiker" platzierte ich eine knappe Annonce: „Tausche Einzimmerwohnung mit Waldblick und See in Daugavpils gegen eine Ecke oder ein Zimmer in Leningrad". Auch Alex glaubte nicht an den Erfolg dieses Unternehmens. Im Laufe der ersten Woche bekam ich jedoch drei Angebote! Alle drei waren im Zentrum, alle drei hörten sich gut an, und noch in derselben Nacht fuhr ich in euphorischer Stimmung nach Leningrad, um mir alle drei Orte anzuschauen. Die Patrioten prophezeiten mir ein Desaster, statt Zimmern würden es höchstens Hundehäuschen sein, vermuteten sie.

Die ersten zwei Zimmer bestanden aus kleinen Ecken in großen Kommunalwohnungen, in denen bis zu dreißig Personen unterschiedlichen Alters und Geschlechts lebten. Die dritte war überhaupt keine Wohnung, es war eine Ruine im Erdgeschoss, hatte aber einige gute Seiten – einen eigenen Eingang vom Hinterhof aus und keine Nachbarn. Alle anderen Zimmer in diesem Loch waren in einem dermaßen schlechten Zustand, dass sie vom Staat als unbewohnbar eingestuft worden waren. Das uns angebotene Zimmer hatte die Wohnungsverwaltung jedoch als bewohnbar gelassen, trotz vieler großer Einschusslöcher in den Wänden und an der Decke, die anscheinend von großkalibrigen Waffen des Zweiten Weltkrieges stammten.

Ich fuhr gutgelaunt zurück nach Lettland. Ein Wohnungstausch in der Sowjetunion war ein komplizierter bürokratischer Vorgang. Man musste alle denkbaren und undenkbaren Bescheide, Anmeldungen und Formulare sammeln, bei vielen dauerte es Jahre, in unserem Fall hätte es locker Jahrzehnte dauern können, weil jedes zweite Formular fehlte. Unsere Vertragspartnerin war eine Frau aus einer altorthodoxen Familie mit dem seltenen Namen Evpraksia. Ihrer Schwiegermutter gehörte das angeschossene Zimmer in Leningrad, das ich haben wollte. Die Schwiegermutter selbst wohnte schon lange in Daugavpils, sie wollte dort auch sterben, aber am liebsten in einer eigenen Wohnung. Die Altorthodoxen hatten schneller als wir all ihre Papiere zusammen und warteten nur noch auf uns. Wir hatten aber mit einem Problem zu kämpfen, das ich nicht vorausgesehen hatte. Um den Wohnungstausch erfolgreich zu vollziehen, brauchten wir unter anderem eine Bescheinigung von einem Tbc-Arzt sowie von einem Psychiater. Mein Freund Alex hatte sich vor Jahren als psychisch krank registrieren lassen, um der sowjetischen Armee zu entkommen. Nun fiel er einem Gesetz zum Opfer, in dem schwarz auf weiß stand, dass Psychos und Tbc-Kranke zwar nicht zur Armee mussten, dafür aber auch in keine Kommunalwohnung mit vielen Nachbarn einziehen durften. „Wenn er bereits in der Wohnung gewohnt hätte, als er psychisch krank wurde, dann gäbe es keine Probleme", erklärte uns der Rechtsanwalt. Unser Versuch, den Psychiater mit Schokolade zu bestechen, scheiterte.

Alle unsere Freunde, Verwandten und Bekannten empfahlen uns, die Sache mit dem Tausch einfach zu vergessen: Aus dieser medizinischen Sackgasse führe kein Weg hinaus. Ich gab trotzdem nicht auf. Mir blieb nur eins: diese medizinische Bescheinigung zu fälschen. Die Bescheinigung selbst war nur ein Blatt Papier, es kostete keine Mühe, sie neu zu schreiben, aber der Stempel war ein Problem. Auf diesem runden kleinen Stempel war in unglaublich kleinen Buchstaben auf vier Quadratzentimetern Fläche jede Menge Text eingraviert. Dort stand: „Staatliches städtisches psychiatrisches Krankenhaus Nummer eins der Stadt Daugavpils der Lettischen Sowjetischen Republik". Noch heute sehe ich diesen Stempel oft im Schlaf vor mir. Wir versuchten es zuerst nach dem alten Oma-

rezept mit einem gekochten Ei und einem Radier-
gummi, begriffen aber schnell, dass man in diesem
speziellen Fall modernere Verfahrensweisen brauchte.
Ich schrieb an alle mir bekannten Künstler, Graveure,
Grafiker und Juweliere in Leningrad und Moskau und
bat sie um Hilfe. Sie winkten jedoch ab. Die Zeit ver-
ging, die Pessimisten rieben sich die Hände. „Vergiss
es, lass los", hörte ich von allen Seiten. Als ich schon
selbst in Verzweiflung geraten war, traf ich jedoch
meinen alten Freund, den Dichter Limonidi. Er hatte
inzwischen eine Moskauer Schönheit geheiratet, eine
zwei Meter große Architekturstudentin. Die Schwes-
ter seiner Frau, das Mädchen Marina, das auch eine
zwei Meter große Moskauer Schönheit war und ebenfalls Architektur studierte, lachte nur, als ich ihr von
meinem Bescheinigungsproblem erzählte. Noch am
selben Abend fertigte sie mir zwischen Bier und Wein
mal eben etwa fünfzig gestempelte Bescheinigungen
an, mit denen ich dann weiter üben konnte. Marina
hatte keine kriminelle Vergangenheit, sie war einfach
ein Naturtalent, eins von vielen leuchtenden Sternen
am trüben Himmel unseres sozialistischen Alltags.

An einem verabredeten Tag saßen wir und Evprak-
sia festlich gekleidet im Warteraum des überregionalen
Wohnungstauschamtes und warteten, bis wir aufge-
rufen wurden. Alle Räume und Gänge waren voll.
Es schien, als ob die gesamte Sowjetunion am selben
Tag umziehen wollte. Jede Minute ging die Tür auf,
alle zuckten zusammen. Eine Beamtin schrie laut in
den Korridor: „Kostroma-Aktjubinsk! Norilsk-Alma-
Ata-Magadan-Lwow! Wolgograd-Jaroslawl-Sotschi!"
Nach drei Stunden hörten wir endlich: „Daugavpils-
Leningrad!"

Die Katze war im Sack! Gleich am nächsten Abend packten wir unsere Sachen zusammen, verabschiedeten uns von den Patrioten und Pessimisten im Café „Parsla", nahmen Piff untern Arm und bestiegen den Bus nach Leningrad. Der Hund kotzte die ganze Nacht – bis wir um sechs Uhr früh in der Heldenstadt ankamen.

In unserer neuen, zerschossenen Wohnung lebten Ratten unter dem Holzfußboden, es gab kein warmes Wasser, etliche Fensterscheiben fehlten, dafür waren wir aber wieder in der Zivilisation angelangt. Ich betrachtete meinen Pass mit Stolz – die lang ersehnte Zeile: „Unbefristete Aufenthaltserlaubnis in der Stadt Leningrad, Lisa-Tschaikina-Straße 21". Wie wenig braucht ein Mensch manchmal, um glücklich zu sein!

Wie genau das Mädchen Marina mir diesen Stempel damals fälschte, wage ich hier nicht zu erzählen. Wen es interessiert, der kann sich aber an mich wenden.

Andenken an Juka

Schnell verbreitete sich die Nachricht, dass Alex und ich aus Daugavpils zurückgekehrt waren. Innerhalb kürzester Zeit stellten wir unsere alten sozialen Kontakte in Leningrad wieder her. Mehr noch, unsere sozialen Kontakte wuchsen aufgrund der neuen, geräumigen Wohnung in geometrischer Progression. Jeder, der uns besuchte, brachte immer ein paar von seinen Bekannten mit, die wiederum beim nächsten Mal ihre Freunde zu uns mitbrachten. Und so verwandelte sich unsere Kellerwohnung in einen Treffpunkt der fortschrittlichen Jugend. Heute gibt es in St. Petersburg

Hunderte von Clubs, Cafés und Restaurants, wo man gut die Zeit totschlagen kann. Gleichzeitig machen die jungen Leute schon sehr früh Karriere und sind immer im Stress. Wir hatten damals keine Clubs, dafür aber viel Zeit, eine Wohnung und keinen Bock auf Karriere. Wir führten ein „offenes Haus" – allabendlich versammelte sich bei uns eine gemischte Gesellschaft, jeder brachte nach Möglichkeit etwas Tee, Wein oder Brot mit. Mehrmals hörten wir von verschiedenen Leuten, dass es in der Nähe von uns ein noch „offeneres Haus" gäbe – mit einer noch gemischteren Gesellschaft. Eines Tages lernten wir diese Leute in unserer Nachbarschaft kennen: Es war eine Familie, die aus drei Generationen bestand.

Die älteste, Mama Nika, arbeitete als Kunstwissenschaftlerin in der Ermitage. Sie stammte aus einer reichen Petersburger Familie, ihr Großvater besaß unter dem Zaren eine berühmte Brauerei, die „Bavaria". Nach der Revolution hatten die Bolschewiken bei der Enteignung geschlampt, sie hatten nicht alles mitgenommen. Auch während der Blockade im Zweiten Weltkrieg waren nicht alle Möbel verheizt worden. Die Reste des früheren Reichtums dienten nun – in den Achtzigern – als Lebensgrundlage für die Familie. Damals blühte in Leningrad gerade der Antiquitätenhandel auf, Mama Nika kündigte im Museum und machte sich quasi selbstständig – mal verkaufte sie ein altes Bild, mal Reste vom Familienschmuck oder ein kleines altes Nachttischchen. Davon konnte die Familie jedes Mal ein halbes Jahr lang sorglos leben.

Mama Nika hatte zwei Kinder – ihre Tochter Juka, die zusammen mit ihrem Mann Sascha und den zwei Töchtern Ksenja und Nastja in der Wohnung lebte, und ihren Sohn Wasja, der noch zur Schule ging. Jedes Mitglied der Familie hatte seinen eigenen Bekanntenkreis, manchmal saßen abends in der Küche bis zu vierzig Menschen unterschiedlichen Alters an einem gigantischen Zarentisch. Mama Nika führte ein sehr offenes Haus. Sie lud ständig Dichter, Historiker und Diplomaten ein. Sascha, der Ehemann ihrer Tochter, studierte Malerei an der Leningrader Kunstakademie und umgab sich mit den Leuten seines Berufs. Der Schüler Wasja spielte Gitarre und interessierte sich für junge Mädchen. Außerdem wurden in diesem Haushalt laufend „Menschen in Not" von der Straße aufgesammelt. Deswegen konnte man bei Mama Nika an einem Abend Künstler, Musiker, Philosophen, Spekulanten, Obdachlose, einheimische Alkoholiker und ausländische Diplomaten kennenlernen.

Alle Mitglieder dieser Familie pflegten einen freizügigen Lebensstil. Außer Sascha, der ab und zu in seiner Kunstakademie vorbeischauen musste, und den Kindern, die noch zur Schule gingen, hatten die Erwachsenen keine gesellschaftlichen Verpflichtungen. Sie gingen erst in der Morgendämmerung ins Bett und standen abends auf, um die ersten Gäste zu empfangen. Die Gäste brachten Getränke und etwas zu essen mit.

Außer diesen Menschen lebten in dem gastfreundlichen Haus auch noch viele Haustiere, die meisten von ihnen waren Katzen. Man stieß überall auf sie. Die Katzen lagen auf den Fensterbrettern, sprangen aus den Kleiderhaufen im Korridor heraus und hatten ansonsten wie die Menschen die Küche zu ihrem Lieblingsaufenthaltsort erkoren. In allen Töpfen und Pfannen steckten Katzen. Es herrschten unterschiedliche Meinungen darüber, wie viele Katzen eigentlich zur

Familie gehörten. Mama Nika behauptete, es wären zwölf. Die Tiere machten den Menschen alles nach, sie pflegten auch einen freien Lebensstil – von allen gesellschaftlichen Pflichten befreit. Sie kamen und gingen, wann es ihnen passte. Mal verschwanden sie für mehrere Monate, dann tauchten sie wieder auf, mit Kindern und Freunden. Trotzdem meinte Mutter Nika, ihre zwölf Katzen bestens zu kennen. Sie wusste, in welchem Topf welche Katze am liebsten saß, und hatte für alle einen Namen parat. Ihre Katzen hießen Sjawa, Pesja, Lorik, Nusja, Chupa, Musja, Basja, Tugrik, Fotja, Kasja, Motja und Caesar. Ich habe nur vier von ihnen persönlich kennengelernt, es waren alles Sonderlinge. Lorik, ein großer grauer Kater mit gelben Augen und flaumigem Schwanz, verbrachte die meiste Zeit seines Lebens in einer großen Bratpfanne. Mit Streicheln und Zerren konnte man ihn da nicht raustreiben. Wenn man diese Bratpfanne brauchte, gab es nur eine Möglichkeit, Lorik zu entfernen: Man stellte die Bratpfanne aufs Feuer. Aber auch dann zögerte Lorik noch lange, die Pfanne zu verlassen. Die Katze Nusja war in Jukas Mann, den Maler Sascha, verliebt. Jedes Mal, wenn sich die beiden stritten, sprang sie Juka auf die Brust und steckte ihr die Pfoten in den Mund, um sie daran zu hindern, laut zu werden. Die milchweiße Fotja wurde der Familie von einem französischen Konsul geschenkt, als dieser nach Frankreich zurückmusste, wegen einer Affäre mit seiner russischen Sekretärin. Seine Katze benahm sich bei Mama Nika ähnlich. Gleich in der ersten Woche wurde sie schwanger und brachte dann vier Babys zur Welt, um die sie sich aber gar nicht kümmerte. Sie schrie immer nur herum und wollte weiter vögeln. „Typisch französisch!", meinten alle. Der Kater Caesar war ein hochbegabter Runter-springer. Regelmäßig fiel er aus dem Fenster im drit-ten Stock. Am Anfang liefen alle noch runter, um den Kater zu retten. Wir nahmen Caesars Sprünge ernst und dachten, er könnte sich verletzen. Über die Ursa-che seines Verhaltens wurde ausgiebig diskutiert. Die einen stellten die These auf, Caesar sei suizidgefährdet, die anderen meinten, dass er unter Identitätsproble-men leide und vielleicht denke, er sei ein Vogel. Nach seinem fünften Fenstersprung hatten sich die Gemüter aber beruhigt. Caesar war nicht krank und sich durch-aus seines Katzeseins bewusst. Er war einfach ein lei-denschaftlicher Springer. Am liebsten sprang Caesar jemandem auf dem Kopf, sehr gerne älteren Leuten, wenn sie ihre Haustiere unter den Fenstern ausführ-ten, weil sie sich langsam bewegten, oft stehen blieben und so ein gutes Ziel darstellten. Einmal landete er auf dem Kopf einer alten Dame, die gerade mit zwei klei-nen Hündchen auf dem Arm vorbeiging. Wir hörten Schreie und schauten aus dem Fenster: Die Frau war sehr aufgeregt, ihre Hochfrisur war ruiniert und ihre zwei Möpse japsten heiser nach Luft. Sie sah uns und drohte mit der Faust nach oben: „Hört auf, mit Katzen zu schmeißen!", schrie sie. Der verrückte Caesar saß fünf Minuten nach dem Sprung schon wieder in seiner Ausgangsposition auf dem Fensterbrett.

Außer Katzen lebten in der Wohnung noch ein Hund mit drei Beinen, den jemand für zwei Tage dort gelassen und vergessen hatte, sowie das Exem-plar einer seltenen, großen Igelart, das aus dem Zoo geflohen war. Der Leningrader Zoo befand sich ganz in der Nähe, quasi um die Ecke. Man konnte nachts Elefantenschreie hören. Wir wussten, dass in diesem

Zoo die Tiere unglücklich waren, und hatten Mitleid mit ihnen. Wir gingen deswegen nur selten dorthin. Allein schon die arme Pythonschlange, die ihren fünf Meter langen Körper in einer kleinen rosa Plastikschüssel einrollen musste, konnte man ohne Tränen nicht anschauen. Der große seltene Igel hatte irgendwann ein Schlupfloch im Zaun gefunden und es im Mondlicht auf dem Gorkiprospekt bis zur Nummer sechs geschafft, direkt vor die Füße von Juka und Sascha. Sie hatten ihn sorgfältig in einen Schal gewickelt und ihn in die Wohnung gebracht. Der Igel war chronisch erkältet. Auf jeden Fall nieste und schnupfte er ununterbrochen, trampelte nachts durch alle Zimmer und brachte die Katzen jedes Mal wieder in eine Fragezeichen-Position.

Menschen und Tiere, alle fanden in diesem gastfreundlichen Haus einen Platz, ohne einander auf den Geist zu gehen. Alte Gäste zogen aus, neue Gäste zogen ein, nichts konnte die Bewohner aus der Ruhe bringen. Jukas kleine Töchter gingen schon in die fünfte Klasse, ihr Mann Sascha hatte sich eine Töpferei aufgebaut und war dem Kunsttöpfern verfallen, Wasja beendete die Schule und schlug sich mit seiner Pubertät herum. Mama Nika saß unverändert gerade wie eine Zarin am Tisch – mit der unvermeidlichen Zigarette in der Hand und einem Weinglas vor sich. Sie wurde kein bisschen älter, als wäre die Zeit für sie stehen geblieben. Es kursierten jedoch Gerüchte im Haus, sie sei schwer krank, wolle aber nicht zum Arzt gehen. Ihre Tochter hatte sich vor lauter Langeweile in einen Schulkameraden ihres Bruders verliebt, zuerst heimlich. Sie saßen beide in verschiedenen Zimmern, nur durch eine dünne Wand getrennt, und schrieben einander Briefe. Kurze Zeit später verliebte sich auch ihr Bruder Wasja unsterblich – in eine vierzigjährige Bildhauerin mit Aztekengesicht, die jemand drei Monate zuvor in der Küche gelassen hatte, wo sie seitdem wohnte. Diese Liebesgeschichten wurden bald im ganzen Haus bekannt. Alle besprachen aufgeregt die Einzelheiten, außer Sascha, Jukas Mann, der die Nachricht über die neue Liebe seiner Frau gelassen hinnahm. Er interessierte sich gerade mehr für Tontöpfe. Als Mama Nika erfuhr, dass ihr achtzehnjähriger Sohn sich mit der vierzigjährigen Bildhauerin, die in der Küche saß, vermählen und ihre schon verheiratete Tochter umgekehrt einen Schüler ehelichen wollte, legte sie sich ins Bett – und starb drei Tage später.

Ihre Kinder fingen an, das Erbe aufzuteilen, woraus sich in der einst so friedlichen Wohnung ein regelrechter Krieg entwickelte. Die Kriegsparteien suchten bei den Gästen Unterstützung. Sie wollten von jedem Besucher wissen, auf wessen Seite er stehe. Deswegen kamen immer seltener welche, und irgendwann kam niemand mehr. Der Krieg dauerte an. Nach zwei Jahren ging die Bildhauerin mit dem Aztekengesicht aus dieser Schlacht als Siegerin hervor. Sie war von Wasja geschwängert worden und hatte Zwillinge bekommen. Juka und ihr Schüler zogen aufs Land – in ein Dorf nahe Leningrad, wo sie sich ein altes Haus kauften. Der Töpfer Sascha fand schnell eine neue Freundin und zog bei ihr ein. Auch der Vater der Zwillinge, Wasja, verließ seine Familie, um nach anderen Freundinnen an anderen Orten zu suchen. In der Wohnung wurde es still und leer, sogar die Katzen liefen eine nach der anderen weg. Zuletzt verschwand Lorik – aus der Bratpfanne – auf Nimmerwiedersehen, die Bildhauerin mit dem Aztekengesicht mochte keine Katzen.

Brian Eno

Eines Nachts im Herbst schmiss unser Freund, der Straßenfeger Antip, eine große Party in seiner Dienstwohnung auf dem Newskiprospekt. Er stellte den geladenen Gästen seine neue Freundin vor, mit der er zusammenziehen wollte – eine intelligente Dame namens Anna, die er einem anderen Straßenfeger ausgespannt hatte. Man muss dazu sagen, dass die meisten unserer Freunde damals als Straßenfeger, Heizer oder Nachtwächter tätig waren. Im Sozialismus waren alle verpflichtet, einen Beitrag zum Gemeinwohl des Volkes zu leisten, jedem Schmarotzer drohte Freiheitsentzug. Gleichzeitig wurde jedoch nicht jede Tätigkeit vom Staat als gemeinnützig anerkannt. Um sich Dichter, Maler oder Musiker im Dienste des Volkes nennen zu dürfen, musste man in den dafür vorgesehenen staatlichen Verbänden organisiert sein. Das schafften nur diejenigen, die das Regime lobpriesen. Die wahren Talente lebten im Untergrund, sie tarnten sich als Angehörige der Arbeiterklasse – meist mit solchen Berufen wie Heizer oder Nachtwächter, weil dafür keine spezielle Qualifikation erforderlich war.

Die Straßenfeger-Party bei Antip entwickelte sich sehr turbulent. Seine Herzensdame Anna forderte als Star des Abends die Gäste alle paar Minuten auf, die Gläser zu füllen und auf ihr Wohl anzustoßen. Der hektische Umgang mit dem Alkohol hatte jedoch vor allem für Anna selbst verheerende Folgen. Nach einiger

Zeit verwandelte sich die intelligente Frau in eine un-
frohe Sau. Wie eine Furie rauschte sie durch die Räume
und ging allen auf die Nerven. Mal wollte sie tanzen,
mal schloss sie sich weinend im Waschraum ein, dann
wieder wollte sie unbedingt an die frische Luft. Noch
während der Party wurde sie Antip untreu und schenkte
ihre Gunst einem anderen Straßenfeger. Die Stimmung
an diesem Abend war hochpeinlich, trotzdem konnte
ich die Party nicht verlassen. Meine Wohnung befand
sich auf der anderen Seite des Flusses, und die Brücken
in Leningrad wurden jede Nacht hochgezogen. Mit
schrecklichen Kopfschmerzen fand ich in der Ecke des
Gästezimmers ein Plätzchen auf einem Sofa und schlief
dort unter einem großen Kopfkissen ein.

Als ich aufwachte, stand die Sonne schon hoch, die
Wohnung war absolut leer, alle Straßenfeger hatten sich
in nichts aufgelöst, waren einfach verschwunden, was
mir ziemliche Angst einjagte. Ich konnte mir nicht vorstellen, wo eine solch große Menge von betrunkenen
Menschen hingehen konnte.

„Das träumst du nur", sagte mir meine innere
Stimme. „Schließe wieder die Augen, das nächste Mal
wachst du bestimmt unter besseren Umständen auf."
Und so geschah es auch. Beim nächsten Aufwachen
saß ein blonder junger Mann auf meinem Sofa und
spielte auf einer Vargan, einer Maultrommel. „Armes
Mädchen! Du bist ganz allein hier, und niemand ist
da, mit dem du reden könntest. Ich besorg dir einen
Vogel", sagte der junge blonde Mann etwas unvermittelt, „einen schönen blauen Singvogel, oder noch
besser: einen Sprechvogel, ich kenne einen."

Ich dachte, was ist denn das für ein blöder Traum?
Es war aber kein Traum, sondern Anton Dolokjan,

ein in Leningrad bekannter Juwelier und Gründer der Künstlergruppe „Neue Wilde", wie ich später erfuhr. An diesem Tag haben wir uns kennengelernt. „Ich brauche keinen Sprechvogel, ich mag lieber Katzen", entgegnete ich.

„Du hast Glück, Mädchen", meinte Dolokjan. „Ich kenne zufällig einen Kater, der gut zu dir passen würde. Den hat neulich Brian Eno auf der Straße gefunden und nach Kamtschatka gebracht." Das hörte sich irrsinnig an. Ich wusste, dass Brian Eno ein englischer Lord und avantgardistischer Musiker war, Kamtschatka dagegen war eine Halbinsel nahe Alaska. Wie sollte der adlige Komponist die Katze ans Ende der Welt gebracht haben?

Mein neuer Bekannter klärte mich schnell auf. Der Musiker Brian Eno war gerade in Leningrad zu Besuch gewesen, er wollte die hiesige Künstlerszene kennenlernen. Die angesagtesten Künstler der Stadt arbeiteten damals als Heizer im Kesselraum Nr. 5, der sich in der Nähe meiner Wohnung auf der Petrogradskaja befand und im Volksmund „Kamtschatka" genannt wurde. Täglich gingen dort ihre Fans und Freunde ein und aus, wodurch der Kesselraum zu einer Art Underground-Club aufstieg. Der englische Kollege lernte in diesem Heizungskeller einen wesentlichen Teil der künstlerischen Avantgarde der Sowjetunion kennen. Deswegen verbrachte Brian Eno viel Zeit auf Kamtschatka, anstatt zum Beispiel in die Museen zu gehen. Der Kater, den er auf der Straße gefunden hatte, konnte aber wegen der ungesunden Lebensbedingungen nicht auf Dauer dortbleiben. Man suchte nach einer neuen Bleibe für ihn. Dolokjan gab mir die Adresse des Heizungskellers. Am nächsten Tag ging ich dorthin, um den Kater abzuholen. Er lag auf einem großen Kohlenberg, man konnte nur seine gelben Augen sehen, so dunkel und kantig war er, wie ein Brocken Anthrazit. Dieser Kater gehörte zu der besonderen Rasse der absolut schwarzen Katzen, die abergläubische Menschen dazu bringen, nach einem Umweg zu suchen, wenn ihnen ein solches Tier über den Weg zu laufen droht. Der Kater bekam Angst, als ich ihn an die frische Luft brachte, zeigte diese Angst aber kaum, er gab keinen Ton von sich und wurde nur noch härter. Ich nannte ihn Brian Eno – zu Ehren des Musik-Lords. Dolokjan, der als Juwelier ständig mit Gold zu tun hatte, schenkte dem Kater einen goldenen Ohrring.

Zwei Tage lang saß Brian Eno unter dem Bett und ließ niemanden an sich ran. Als er endlich rauskam, aß er einen ganzen Fisch auf. Langsam gewöhnte er sich an die neue Umgebung und wurde zu einem anständigen Wohnungskater, obwohl seine Vergangenheit auf Kamtschatka ihn nicht losließ. Wenn ich Brian Eno streichelte, bekam ich sofort schwarze Hände. Eine Bekannte von uns meinte sogar, wir sollten ihn lieber Schneeflöckchen nennen, denn nach dem ersten Waschen würde sich der Kater bestimmt als schneeweiß erweisen. Nicht zuletzt deswegen wollte ich Brian Eno erst einmal nicht waschen.

Seine neue Bleibe gefiel ihm ganz gut, er integrierte sich schnell in unseren Haushalt, kletterte die Gardinen hoch, spielte mit einem Wollknäuel und jagte gerne Fliegen durch die Wohnung. Sein Hauptinteresse war aber der Hund Piff, den er als eine Art Jagdmaus für sich entdeckte. Brian Eno verfolgte Piff auf Schritt und Tritt, stellte dem Hund Fallen, wartete manchmal stundenlang auf der Couch, bis der Hund vorbeilief, um ihm auf den Rücken zu springen und mit ihm durch die Wohnung zu reiten, solange es ging. Außerdem erwies sich Brian Eno als großer Musikfreund, er setzte sich gern neben den Plattenspieler und lauschte der Musik.

Den Künstler Dolokjan fand ich sehr sympathisch, wir sind jedoch keine großen Freunde geworden. Er lebte in einer ganz anderen Welt, verkehrte hauptsächlich in Künstlerkreisen, die mir zwar lustig, aber zu postmodern und oberflächlich erschienen. Die „Neuen Wilden" folgten der avantgardistischen Tradition der Revolutionszeit, sie verschmähten die alten Kunstformen und propagierten Aktionskunst, das heißt, sie verwandelten ihren Alltag in Kunst, mit der sie vor allem nichtsahnende Menschen verarschten. Auch ich bin mehrmals auf diese Aktionskunst reingefallen. Einmal fragte Dolokjan mich, ob ich Schlittschuh laufen könne, und lud mich zum Eisstadion ein. Ich lieh mir eine Ausrüstung von einer Freundin und ging ohne Arg zu der Verabredung. Die Einladung erwies sich aber als Teil einer Kunstaktion: Dolokjan hatte 35 junge Frauen zur gleichen Zeit eingeladen, um mit ihm Schlittschuh zu laufen. Er hatte sich dafür wie ein sowjetischer Pionier aus den Sechzigerjahren ausstaffiert – mit kurzen Hosen, Kniestrümpfen und Halstuch. In diesem historischen Kostüm kreiste er mit den 35 Frauen im Leningrader Eisstadion herum, die anderen Läufer fielen reihenweise um, als sie die junge Frauenbrigade mit dem alten Pionier an der Spitze sahen. Ein Kollege von Dolokjan, auch ein „Neuer Wilder" mit dem Spitznamen „Dicker", filmte derweil das Spektakel. Ein andermal kam Dolokjan ziemlich aufgeregt an und überredete mich, mit ihm zusammen zum Grundschullehrer-Ball im Pionierpalast auf dem Newskiprospekt zu gehen. Er hatte mit viel Mühe auf dem Schwarzmarkt zwei Eintrittskarten für diese grandiose Veranstaltung ergattert. Die Grundschullehrer, die in ihrer überwiegenden Mehrheit Frauen waren, hatten zu diesem Ball die jungen Kursanten von der Marineoffiziersschule eingeladen. Die Sache habe nur ein Haken, erklärte mir Dolokjan. Der Abend sei als Kostümball angekündigt worden, alle Gäste sollten irgendwelche Figuren aus alten russischen Märchen darstellen. Doch er habe dieses Problem bereits für uns beide gelöst – und passende Klamotten gefunden. Ich sollte als Rotkäppchen, er als grauer Wolf auftreten. Im Nachhinein konnte ich mir selbst nicht erklären, warum ich mich auf diese bescheuerte Idee einließ. Doch Dolokjan besaß die Überzeugungsgabe eines Hypnotiseurs. Wenn er redete, schien alles logisch und richtig zu sein. Je verrückter seine Ideen waren, desto ernsthafter trug er sie vor. Das Rotkäppchen-Kostüm bestand aus einem großen roten Panamahut, einem gestrickten, buntgestreiften Rock und ebensolchen Strümpfen sowie einer weißen Bluse und Holzschuhen. Außerdem bekam ich noch einen Korb mit Plastikkuchen. Der schlaue Dolokjan hatte für sich nur einen ganz normalen grauen Anzug und eine Wolfsmaske vorgesehen.

Als wir um 22 Uhr im Pionierpalast aufkreuzten, tanzten schon Hunderte von Grundschullehrerinnen mit den Jungoffizieren Walzer. Der Ball war alles andere als kostümiert. Die Frauen trugen unmodische, blumengemusterte Abendkleider, die Männer hatten Paradeuniformen an. Mit meinen Holzclogs und dem Weidenkorb erntete ich die ungesunde Aufmerksamkeit aller Anwesenden. Mein Begleiter steckte mir sogleich seine Wolfsmaske in den Korb und fiel danach in seinem grauen Anzug überhaupt nicht mehr auf. Dieser Rotkäppchen-Auftritt war der peinlichste Augenblick meines Lebens. Dolokjan redete sich aus der Sache raus: Er sei falsch über die Veranstaltung informiert worden. Dabei beteuerte er mit Grimassen seine Unschuld! Man konnte auf diesen Menschen einfach nicht sauer sein. Nachdem wir den Pionierpalast wieder verlassen hatten, musste auch ich lachen.

Brian Eno wurde erwachsen und verwandelte sich in ein richtiges Tier. Die meiste Zeit seines Lebens verbrachte er auf dem Korridor, wo er neben einer großen Spalte im Fußboden Wache hielt. Lange konnte ich über sein Verhalten nur rätseln. Ich wusste nicht, was sich unter dem Fußboden abspielte. Brian Eno wusste es aber. Den ersten zwei großen Ratten, die eines Tages aus der Spalte huschen wollten, riss er die Köpfe ab und legte sie mir neben das Bett. Die anderen Ratten beschlossen daraufhin anscheinend, nichts mehr zu riskieren, und nahmen dafür einen Umweg durch andere Wohnungen in Kauf. Der Kater bekam zur Belohnung eine Portion Würstchen. Er fühlte sich wie ein Held und erlaubte mir großzügig, seinen Bauch zu streicheln. Auf dem Hof genoss Brian Eno mit seinem coolen goldenen Ohrring große Popularität bei den Katzen. Ich glaube, sie wollten alle Babys von ihm haben. Die Zahl der pechschwarzen Katzen in unserer Umgebung stieg dann auch rasant. Auf seinen Zeugungstrips verschwand der Kater jedes Mal für mehrere Tage, Piff wachte so lange an der Tür und wartete auf Brians Rückkehr. Wenn er merkte, dass der Kater in der Nähe war, bellte er laut. Ich ließ ihn dann in die Wohnung und wusch ihn gründlich, weil er nach jedem Ausflug noch schwärzer war als vorher. Frisch gewaschen schlief er auf dem Küchenschrank ein. Wenn er zu neuen Kräften gekommen war, ging er sofort wieder nach draußen. Die abergläubischen Nachbarn hatten große Mühe, ins Haus zu gelangen, ohne dass ihnen die schwarze Katze über den Weg lief. Sie ließen keine Gelegenheit aus, ihre Unzufriedenheit mir gegenüber zu äußern. Einige von ihnen wollten es nicht bei Worten belassen und machten Jagd auf Brian Eno.

Eines Abends ging ich ins Kino, um mir einen Perestroika-Film über Jugendliche anzuschauen, der gerade für allgemeine Aufregung sorgte. Der Film hieß „Assa". Es ging darin um unglückliche Kinder, die ohne Eltern aufwuchsen, um romantische Teenager und zynische Erwachsene. Als ich nach Hause kam, lag ein kleines schwarzes Katzenbaby direkt vor meiner Tür. So schwarz, wie es war, konnte man eindeutig die Verwandtschaft mit Brian Eno feststellen. Bestimmt hatte uns eine seiner Verehrerinnen das Baby gebracht, dachte ich. Brian Eno zeigte an dem Baby überhaupt kein Interesse. Auch Piff akzeptierte das Kuckuckskind kein bisschen. Ich nahm das Kätzchen an mich und taufte es auf den Namen Assa.

Assa

Zwei Monate lang lebte ich wie in einem Tierheim. Zwei schwarze Katzen in einer Wohnung waren deutlich eine zu viel. Außerdem konnte Assa ihren Vater Brian Eno nicht ausstehen. Selbst wenn er sich gesprächsbereit zeigte, hinter ihr herlief und miaute: „Hallo, Töchterchen, wie geht es dir?", bekam er keine Antwort. Assa lehnte jeden Kontakt zu ihrem Vater ab. Ich sprach darüber mit Dolokjan, ob er nicht jemanden kenne, der eine schwarze Katze nehmen würde. Dolokjan nahm sich mein Problem zu Herzen, er erzählte, dass sein Freund mit dem Spitznamen „Dicker", der uns im Eisstadion gefilmt hatte, also auch ein „Neuer Wilder" war, gerade eine riesengroße Wohnung in einem leer stehenden Haus besetzt habe. Sie sei so groß, dass man darin Fahrrad fahren und Tischtennis spielen könne, es gäbe genug Platz für eine ganze Garnison, dazu eine funktionierende Strom- und Gasleitung, und sogar das Telefon sei nicht abgeschaltet. Die „Neuen Wilden" besetzten damals ständig irgendwelche Wohnungen in Leningrad, die vom Staat geräumt worden waren, um die Häuser irgendwann abzureißen. Die Künstler verwandelten diese Häuser in Kunstobjekte und tobten sich dort so lange aus, bis das Haus von alleine zusammenbrach. Dann zogen sie weiter ins nächste Haus.

Der „Dicke" war noch immer von seinen neuen, hervorragenden Wohnbedingungen berauscht und ließ sich problemlos überreden, meine Assa aufzunehmen. Nach kurzer Zeit verliebte er sich ernsthaft in das Kätzchen: Er konnte sich nicht mehr vorstellen, ohne sie zu leben. In ihrem neuen Zuhause hatte Assa jedoch kein leichtes Leben. Sie war dort dauerhaft dem künstlerischen Wirken der „Neuen Wilden" ausgesetzt. Diese Künstler ließen keine Gelegenheit aus, an der Realität herumzuschrauben, und Assa bot ihnen als ein absolut schwarzes Objekt eine ideale Projektionsfläche für allerlei Experimente. Der „Dicke" und seine Mitbewohner bemalten die Katze mit weißen Flecken, zogen ihr selbstgemachte Klamotten über oder zwangen Assa, an ihren Kunstaktionen teilzunehmen.

Der „Dicke" war ein leidenschaftlicher Frauenjäger, ständig verliebte er sich in originelle Frauen und schleppte sie ab. Einmal lernte er im Bus wieder eine solche kennen – und verliebte sich sofort in sie. Obwohl es noch März war und die meisten Leute Herbstmäntel trugen, stand sie in einem leichten Bandeau-Kleid mit nackten Schultern im Gang und genoss die Aufmerksamkeit aller Fahrgäste. Der „Dicke" wollte ihr eigentlich nur kurz auf die Schulter tippen, um zu fragen, ob sie bei der nächsten Haltestelle aussteige – eine normale Geste in Leningrader Verkehrsmitteln. Der Bus machte jedoch in dem Augenblick einen Schlenker, der „Dicke" verlor sein Gleichgewicht und versuchte, sich am Bandeau-Kleid der Unbekannten festzuhalten (unbewusst, wie er später mit unschuldiger Miene behauptete), woraufhin das Kleid nach unten rutschte. „Entschuldigung, Fräulein", sagte er zu der Unbekannten, die nun halbnackt vor ihm stand. „Ich wollte Sie nur fragen, ob Sie bei der nächsten Station aussteigen." Die Frau drehte sich um, schaute ihn spöttisch an und sagte sehr selbstbewusst: „Das hatte ich eigentlich nicht vor, aber wie es aussieht, muss ich jetzt wohl aussteigen." Dabei versuchte sie, ihr Kleid in die ursprüngliche Position zu bringen, was ihr nicht ganz gelang. Der „Dicke" wurde ganz rot vor Aufregung. Als eine Art Wiedergutmachung lud er die Frau sofort auf ein Bier ein. Noch am selben Abend waren sie ein Paar.

Inge, so hieß die junge Dame, war besonders für die „Neuen Wilden" sehr originell. Für sie war sie wie ein Wesen aus einer anderen Welt. Sie arbeitete als

Masseuse in der Sauna am Bahnhof und verkehrte in ganz anderen Kreisen, bevor sie den „Dicken" kennengelernt hatte. Bei den „Neuen Wilden" spielte sie oft Krankenschwester. Einmal trieb der „Dicke" irgendwo zwei Flaschen mit Lachgas auf, lud Gäste ein und veranstaltete damit eine Party. Das Lachgas erwies sich jedoch zusammen mit Wodka als eine sehr giftige Mischung. Die Gäste schliefen ein und wären bestimmt nicht mehr aufgewacht, wenn Inge nicht rechtzeitig gekommen wäre. Sie riss alle Fenster auf, drehte die Gasflaschen zu und zerrte die Gäste einen nach dem anderen an die frische Luft. Ein anderes Mal wurden die Künstler während einer Straßenaktion mit dem Titel „Schnaps und Zucker für alle!" von der Bevölkerung missverstanden und daraufhin bösartig attackiert. Inge stellte sich mutig zwischen die Kunst und das Volk. Noch lange danach lief sie stolz mit einem blauen Auge durch die Gegend.

Das war im Jahr 1989. Die Grenzen des Landes öffneten sich langsam für Leute aus dem Westen. Immer mehr Ausländer kamen nach Leningrad, viele interessierten sich für die Leningrader Kunstszene und wollten Bilder oder Plastiken kaufen. Plötzlich fingen die „Neuen Wilden" an, wie wild zu malen, weil sich ihre Aktionskunststücke schlecht an die Ausländer verkaufen ließen. Immer mehr Heizer und Straßenfeger nutzten die neue Lage und verließen die Heimat in Richtung Westen. Man brauchte aber für eine solche Reise eine Einladung und jede Menge Geld für ein Visum, es sei denn, man reiste nach Israel aus. Die sowjetischen Bürger mit jüdischer Nationalität konnten in dieser Zeit relativ schnell und leicht wegkommen. Die meisten Juden blieben allerdings auf dem Weg zu ihrer historischen Heimat irgendwo in Österreich oder Italien hängen.

Der „Dicke" arbeitete ernsthaft an seinem Ausreiseplan. Seine Freundin Inge war ein „Bürger jüdischer Nationalität". Das brachte ihn auf die Idee, sie als Brücke in den Westen zu nutzen. Sie gingen zum Standesamt, heirateten und stellten am selben Tag den Ausreiseantrag nach Israel. Ihr Antrag wurde erstaunlich schnell genehmigt. Schon vier Wochen später standen wir alle in der Abschiedshalle des Flughafen-Terminals Pulkowo II, um dem „Dicken" und seiner Frau ein letztes Mal hinterherzuwinken. In diesem Terminal war damals die Hölle los. Mehrere Dutzend Familien mit großen schweren Koffern lamentierten laut. Niemand wusste genau, was man auf die Reise mitnehmen durfte und was nicht. Die meisten waren deswegen auf Nummer sicher gegangen und hatten einfach alles mitgenommen, was sie besaßen: Nähmaschinen, Teppiche, Elektroherdplatten, Kinderfahrräder, Bücher. Die Zöllner sortierten wütend alles nicht Genehmigte aus; sie waren wahrscheinlich neidisch, weil sie dableiben mussten. Ständig hörte man Schreie in der Menge. Wenn die Leute erfuhren, dass sie einen Teil ihrer Habe nicht mitnehmen durften und niemanden hatten, der die Sachen für sie aufbewahren konnte, wollten sie am liebsten alles auf der Stelle vernichten: Hauptsache, der Staat kriegte nichts. Sie schmissen mit teuren Lebensmitteln um sich, Konservenbüchsen mit Kaviar und Sprotten kullerten durch die Halle, Cognacflaschen rollten auf dem Boden. Unser Freund, der „Dicke", wirkte in diesem Getümmel wie ein Heiliger: Er hatte nicht mal einen Koffer – nur ein paar Birkenreisige aus der Sauna, zur Erinnerung an die heimische Flora, dazu zwei von seinen Künstlerkollegen bemalte T-Shirts, auf denen „Schnaps und Zucker für alle!" und „Jedem ein Messer" stand, im Arm hielt er die Katze Assa, die auch nach Israel ausreisen durfte. Der „Dicke" schaute ständig auf die Uhr und suchte seine Frau Inge in der Menge, sie hätte eigentlich schon längst am Flughafen sein müssen. Sie wollte nur kurz Abschied von ihren Saunakollegen nehmen, bevor sie das Land für immer verließ. Wegen seiner Nervosität und seiner Gepäcklosigkeit fiel der „Dicke" sofort bei den Zöllnern in Ungnade. Sie erkoren ihn zum Hauptverdächtigen des Tages. Während seine Künstlerkollegen die Konservenbüchsen und Cognacflaschen in der Halle aufsammelten, bekam der „Dicke" das komplette Durchsuchungsprogramm verpasst – nach dem Motto: „Wo hast du dein Gold versteckt, sag es lieber selbst, bevor wir es finden!" Man schnitt seine Hosen auseinander, er musste sich hinhocken, die Zunge rausstrecken, die Pobacken auseinanderziehen und endlos Fragen beantworten. Auch Assa musste auf den gynäkologischen Stuhl. Sie konnte aber auf eine abenteuerliche Vergangenheit bei den „Neuen Wilden" zurückblicken und überstand die Prüfung gelassen – ohne einen Ton von sich zu geben, während der „Dicke" die ganze Zeit die Zöllner anschrie. „Nehmt alles, nehmt mein Leben!"

Inge war in der Sauna beim Abschiedstrunk mit den Kollegen abgestürzt, sie blieb deswegen vorerst ihrer Heimat erhalten – und der „Dicke" flog mit der Katze allein nach Israel. Seine Freunde behielten ihn in guter Erinnerung. Noch Tage nach seiner Abreise aßen die „Neuen Wilden" Flughafen-Kaviar zum Frühstück und tranken dazu exquisiten Cognac.

Zwischenkatzen

Mit der von Gorbatschow angesagten Perestroika-Politik veränderte sich das Leben überraschend schnell. Ich hatte nicht geglaubt, dass diese Politik, die wir auslachten und verschmähten, eine solche Auswirkung auf den Alltag nehmen würde. Als Erstes veränderte sich unser ödes sozialistisches Fernsehen, das ich vor 1990 niemals eingeschaltet hatte. Das Fernsehgerät stand bei mir im Zimmer unter dem Tisch und wurde nur dann rausgeholt, wenn ich mehr Gäste als Stühle in der Wohnung hatte. 1990 war jedoch ein Jahr des permanenten Fernsehens. Alle schauten „600 Sekunden" – ein Nachrichtenmagazin der besonderen Art. Jeden Abend brachte dort ein junger Journalist zehn Minuten lang die Ungeheuerlichkeiten aus dem Leningrader Stadtleben auf den Bildschirm: furchtbare Autokatastrophen, steigende Kriminalität, florierende Gesetzlosigkeit, mit einem Wort: alles, was uns all die Jahre von der Staatsmacht verschwiegen worden war. Manchmal hatten seine Sendungen ein Nachspiel in der Realität. So zeigte „600 Sekunden" einmal ein kleines Kätzchen, das auf einem hohen Baum hockte und von alleine nicht mehr runterkam. Es war unbegreiflich, wie das Kätzchen es überhaupt geschafft hatte, so hoch zu klettern. Gleichzeitig wurden Aufnahmen von der Feuerwehrwache gezeigt, in denen die Feuerwehrmänner damit protzten, wegen solcher Kleinigkeiten würden sie niemals zu einem Einsatz rausfahren. Nach der Sendung bekam aber die Feuerwehrwache dermaßen Feuer unterm Arsch, dass sie noch in derselben Nacht mit fünf Autos ausrückte, um die Katze zu retten.

Die Bürger riefen beim Fernsehen an und konnten dort ungeniert alle ihre Probleme ausbreiten. Man nannte das „offene Gesellschaft" und „Sozialismus mit menschlichem Antlitz". Ständig kamen neue modische Sendungen ins Programm: „Das fünfte Rad" zum Beispiel klärte die Zuschauer über die Weltkultur auf, „Russisches Video" zeigte jeden Dienstag raubkopierte ausländische Filme. Die Leningrader klebten am Fernseher, anstatt wie früher in den Cafés zu sitzen. Auch die Geschäfte spielten verrückt. Plötzlich verschwand aus allen Läden der Tee. Stattdessen wurden die Schaufenster mit Bergen von Pepsi-Cola dekoriert. Ich mochte aber keine Pepsi-Cola, zusammen mit Freunden sammelten wir Lindenblüten im Park und benutzten sie als Tee-Ersatz.

Jeder Tag brachte Neuigkeiten. Der Staat achtete darauf, dass die Lebensmittel nicht in falsche Hände gerieten. Die Butter zum Beispiel wurde den Angestellten in den Betriebskantinen nur gegen spezielle Bons verkauft, Wurst nur an Kriegsveteranen gegen Vorlage ihres Ausweises. Als Asoziale hatten wir keine Bons und Ausweise und wurden deswegen von vielen Grundnahrungsmitteln abgeschnitten. Dafür aber wurden die Geschäfte mit teurem ausländischem Waschpulver buchstäblich überschüttet. Man verkaufte es lose, kiloweise. Oft streckten die Verkäufer das Waschmittel mit Mehl, was zur Folge hatte, dass sich die Wäsche nach dem ersten Waschgang in Teig verwandelte.

Trotz dieser Probleme oder gerade deswegen herrschte in der Stadt Aufbruchsstimmung. Viele freuten sich auf den Sozialismus mit menschlichem Antlitz und suchten das Weite. Nicht nur die neuen Wilden, auch die alten Zahmen nutzten die Freiheit, um einmal nach Frankreich, Amerika, England oder Schweden zu verreisen. Natürlich nicht für immer, nur für ein paar Wochen, sagten sie, blieben aber viel länger. Nur wenige kamen tatsächlich zurück. Mein alter Freund Ruslan flog nach New York, um dort irgendwelche Freunde zu besuchen. Gleich am Flughafen bekam er eine Herzattacke und verbrachte zwei Monate in einem amerikanischen Hospital. Am selben Tag, als er entlassen wurde, war sein Visum abgelaufen. Ruslan flog nach Leningrad zurück. Amerika hatte er gut in Erinnerung behalten, allerdings erzählte er nur vom Krankenhaus, von Krankenschwestern und den Mengen von Medikamenten, die er dort bekommen hatte. Andere Freunde schickten uns Geschenke aus dem Ausland – Klamotten, Kosmetik, Schallplatten, Whiskey und Tee. Eine Reise ins Ausland wäre auch für mich gut, dachte ich.

Der politische Wandel der Regierung hatte aber auch seine negativen Seiten. Ständig versammelten sich links- und rechtsgesinnte Bürger auf den Straßen und Plätzen, um sich furchtbar wichtig zu nehmen. Durch die ständigen Katastrophenberichte im Fernsehen verloren viele den Kopf und drehten durch. In Leningrad gingen Gerüchte um, die Rechten würden ein Pogrom vorbereiten. Es sollte am 20. April stattfinden, an Hitlers Geburtstag. Mein Freund Alex, der sich schon immer für den Nabel der Welt hielt, bekam große Angst. Er war überzeugt, dass dieses Pogrom nur ein Ziel habe: ihn zu vernichten. Ich glaubte nicht daran, trotzdem beschlossen wir, für alle Fälle die Stadt zu verlassen. Mit Hund und Katze fuhren wir aufs Land, auf dem sogenannten 69er-Kilometer besaß ein Verwandter von mir ein Sommerhäuschen.

Das dörfliche Leben erwies sich als viel problematischer, als ich zuerst gedacht hatte. Brian Eno ließ sich nicht im Haus einsperren, er löste sich schon nach fünf Minuten in Luft auf. Der Hund Piff dagegen wollte nirgendwohin. Die ganze Zeit lag er in einer großen Pfütze auf dem Hof und strahlte vor Glück. Draußen war es noch immer saukalt, der Frühling wollte sich nicht einstellen, in den Gräben lag Schnee. In dem Häuschen gab es kein Brennholz. Allein um den Tee aufzusetzen, brauchte man eine Stunde, an Essenkochen war kaum zu denken. Zuerst musste ich Wasser aus dem Brunnen holen, dann Holz sammeln und Feuer im Ofen machen – eine Folter für jeden Stadtbewohner. Alex kümmerte sich nicht darum. Er saß die ganze Zeit vor dem alten Radio und versuchte, einen Nachrichtensender auf der Skala zu finden. Aus der Kiste kam jedoch nur Rauschen, was ihn noch unsicherer machte. Drei langweilige Tage verbrachten wir auf dem „69er-Kilometer". Zum Glück fand ich auf dem Dachboden eine Kiste mit Büchern, Gedichtbänden und alten Zeitungen: „Die verheißungsvollen Abenteuer des Kapitän Nemo", „Der Tag der Poesie 1961" und mehrere Liebesromane mit abgerissenem Umschlag – ich las alles nacheinander weg. Zwischendurch lief ich im Hof herum und rief nach Brian Eno. Auf meine Rufe versammelten sich langsam alle Katzen aus der Nachbarschaft – weiße, gelbe und schwarze. Sie saßen auf dem Hof und schauten mich erwartungsvoll an. Diese armen Dorfkatzen erwarteten von mir anscheinend Futter und Zuneigung, die sie nicht genug bekamen auf dem „69er-Kilometer".

Brian Eno war nicht da. Am vierten Tag beschlossen wir, in die Stadt zurückzufahren. Ich ging durch das Dorf und fragte an jedem Zaun, ob die Bewohner dort einen schwarzen Kater mit einem Goldring gesehen hätten. Sie hatten ihn alle gesehen, überall. Sogar zwei Kilometer von unserem Sommerhaus entfernt hatte man ihn gesehen, dort, wo das nächste Dorf, der „71er-Kilometer", begann. Mir wurde klar, dass Brian Eno nicht mehr zu finden war. Wir hatten ihn verloren. Fünf Minuten vor der Abreise, als wir schon alle Sachen zusammengepackt hatten, hörte ich plötzlich lautes Miauen an der Tür. Brian Eno ging rein, als wäre nichts gewesen, er sprang sofort in sein Körbchen und machte den Deckel hinter sich zu.

Wir fuhren zurück in die Stadt. Vom Pogrom fehlte jede Spur, alles war wie immer. Ende April erhielten wir eine Einladung von einer entfernten Verwandten aus Westberlin. Damals galt Westberlin noch nicht als Teil der BRD, deswegen brauchten wir kein extra Visum zu beantragen. Notwendig war nur eine Erlaubnis der sowjetischen Behörde, die uns die Ausreise genehmigen musste. Sie zu bekommen war ein Kinderspiel. Nach nur drei Monaten Pendeln zwischen der zuständigen Abteilung des Innenministeriums und anderen Behörden hatten wir die Ausreisegenehmigung in der Tasche. Für mein ganzes Geld, das mir noch geblieben war, kaufte ich Geschenke für eventuelle zukünftige ausländische Freunde: Holzpuppen, eine Stola, mehrere Wodkaflaschen und ein teures Holztablett, handbemalt mit Blumen.

Das größte Problem, das ich vor der Abreise noch zu klären hatte, war: Wohin mit den Tieren, mit unserem alten Hund Piff und dem geliebten Kater Brian Eno? Wir fragten alle unsere Bekannten, ob sie unsere Tiere nicht bei sich aufnehmen könnten. Meine Freundin

Juka nahm den Hund, und ein Freund von Alex, ein Biofreak und Esoteriker, nahm Brian Eno. Er hatte bereits mehrere Katzen und meinte, eine mehr würde ihm nichts ausmachen.

Ende Juli landeten wir in Berlin-Schönefeld. Gerade in dieser Zeit wurden den Juden aus der Sowjetunion unbefristete Aufenthaltsgenehmigungen erteilt. Das war eine Chance für uns, im Westen zu bleiben. Wir beantragten diese Aufenthaltserlaubnis und schrieben uns bei den Deutschkursen in der Otto Benecke Stiftung ein. Wenig später fanden wir im Wedding eine Wohnung zur Untermiete. Ich hatte jedoch große Sehnsucht nach Brian Eno und träumte jede Nacht davon, meinen Kater aus Leningrad zu holen. Ohne Kater war das Leben öde.

Im August 1991 bekam ich die notwendigen Papiere, mit denen ich Russland besuchen konnte. Ich flog sofort nach Leningrad zu Brian Eno und kam mit meinem Glück zur falschen Zeit ins Land. An dem Tag, als ich in Pulkowo landete, beschlossen der Verteidigungsminister, der KGB-Chef und andere hohe Funktionäre, gegen den russischen Präsidenten Gorbatschow zu putschen. In Moskau rollten Panzer auf der Straße, auch in Leningrad herrschte eine miserable Stimmung. Man munkelte, die Grenzen würden von dem Putschkomitee dichtgemacht werden. Die Straßen waren leer, alle saßen vor dem Fernseher.

Ich traf den Esoteriker in einem leeren Café im Zentrum und fragte ihn nach Brian Eno. „Er ist am selben Tag gegangen, als ihr weggeflogen seid. Ich habe mich nicht getraut, ihn aufzuhalten. Er ist ein erwachsenes Wesen, das für sich selbst verantwortlich ist. Die Tiere wissen sowieso besser, wo sie hinmüssen und was sie zu tun haben", erzählte er. Ich atmete tief durch und zählte bis zehn, um nicht auf ihn einzuschlagen. Kaum war der Putsch zu Ende, flog ich nach Berlin zurück. Ich hatte überhaupt keine Nostalgie mehr.

Masja

Ich kehrte nach Deutschland zurück, fest entschlossen, mir dort eine neue Existenz aufzubauen und das Leben von vorn zu beginnen. Berlin schien mir dafür die richtige Stadt zu sein – so groß wie Leningrad, alt und im Krieg zerschossen, aber quicklebendig. In dieser bunten Menschengemeinschaft fühlte ich mich wohl. Als Erstes nahm ich mir vor, die Sprache endlich richtig zu lernen. Das war gar nicht so einfach. Unsere Studentengruppe im Deutsch-Intensivkurs bestand aus drei Dutzend junger Russen, Ukrainer und Russlanddeutscher. Sie brauchten keine Deutschkenntnisse für ihren Alltag, weil sie untereinander perfekt auf Russisch kommunizierten. Nur wenige betrachteten diesen Intensivkurs als eine ernste Angelegenheit. Die meisten quatschten die ganze Zeit über die üblichen Themen, die jeden Neuankömmling im Westen beschäftigen: den gerade angeschafften Gebrauchtwagen, neue Klamotten, Wohnungssuche. All das im ständigen Vergleich mit dem früheren russischen Leben. Das erste Jahr verbringt jeder mit solchen Vergleichen. Jeder Satz meiner Kommilitonen begann in der Regel mit so etwas wie: „Also bei uns früher in Karaganda …". Wenn man aufhört zu vergleichen, dann ist man in der Fremde angekommen, sagt ein Emigranten-Sprichwort. Ich nahm an diesen allgemeinen Diskussionen während des Unterrichts kaum teil. Ich hatte andere Sorgen.

Die alte Leningrader Gewohnheit, nachts zu leben und erst in der Morgendämmerung schlafen zu gehen, ließ sich nicht mit dem Beginn der ersten Unterrichtsstunde um 8.15 Uhr vereinbaren. Um pünktlich in der Schule zu sein, musste ich um sechs aufstehen, der Weg vom Wedding nach Dahlem war lang. In der Regel trug ich zu dieser Stunde eine undurchsichtige Sonnenbrille. In der Schule angekommen, setzte ich mich auf die vordere Bank, holte mein Heft und einen Kugelschreiber aus der Tasche und nahm eine Pose ein, die große Lernbereitschaft signalisierte. Dann schloss ich die Augen hinter der Brille. Mein heimlicher Traum war, im Schlaf Deutsch zu lernen, eines Tages auf der vorderen Bank einzuschlafen und mit kompletten Deutschkenntnissen zur Zeugnisverleihung wieder aufzuwachen. Manchmal sah ich sogar im Traum, wie ich aufwache, das Zeugnis aus der Hand des Schulleiters entgegennehme, ihm die Hand schüttele und mich in fließendem Deutsch bedanke. Es war sehr schön, aber leider nur ein Traum.

Die Realität sah grässlich aus: Die ersten drei Monate konnte ich außer „Entschuldigung" und „Guten Morgen" so gut wie nichts auf Deutsch sagen. Nach Beendigung der ersten Grundstufe wurde unsere Gruppe aufgelöst und eine zusätzliche gegründet – mit Nachmittagsunterricht. Dorthin wechselte ich, und ab da ging es aufwärts.

Mein Freund Alex, ein sprachbegabter Mensch, hatte von Anfang an weniger Probleme als ich: Bereits in Leningrad glänzte er mit seinen Englischkenntnissen, in Berlin nun lernte er sehr schnell Deutsch und fand gleich viele neue Freunde und Freundinnen, mit denen ich nichts anfangen konnte. Zu diesem Zeitpunkt war unsere Beziehung bereits ziemlich zerrüttet. Insofern war ich beinahe erleichtert, als er schließlich mit einer Deutschen durchbrannte. Doch ich war nicht allein.

Einmal sah ich im Winter, als ich wie immer zur Sprachschule ging, im Hinterhof unseres Weddinger Hauses einen großen schwarzen Kater. Er saß unter einem Busch und bewegte sich nicht. Als ich acht Stunden später zurückkam, war der Kater noch immer da. Ich beobachtete ihn. Außer der Eroberung der deutschen Sprache hatte ich nämlich beschlossen, mir unbedingt einen passenden deutschen Kater zuzulegen. Deswegen erregte diese Begegnung meine Aufmerksamkeit. Am Abend schaute ich mehrmals aus dem Fenster – auf unseren beleuchteten Hinterhof: Der Kater saß immer noch da, an derselben Stelle, er wirkte wie versteinert. Das ist ein Schicksalszeichen, dachte ich und ging runter. Mein Plan war, diesen Kater erst einmal als Gast zu mir einzuladen und dann abzuwarten. Sollte ihn jemand suchen, würde ich ihn dem rechtmäßigen Besitzer zurückgeben. Ich wollte keine Katze klauen. Was ich allerdings nicht wusste, war, ob mich dieser deutsche Kater verstehen konnte. Auf dem Hof sagte ich zu ihm auf Russisch „Kis, kis, kis". Er zeigte keine Reaktion. Dann nahm ich ihn auf den Arm und brachte ihn in die Wohnung, er hatte nichts dagegen. In der Küche verschmähte er jedoch alle Wurstsorten, die ich ihm anbot. Er nahm die gleiche Pose wie zuvor auf dem Hof ein – die Haltung eines Adlers, dem jemand die Flügel gestutzt hat –, setzte sich neben meinen Sessel und erstarrte. So saßen wir nebeneinander in dem verdunkelten Zimmer, bis kurz nach Mitternacht Stimmen auf dem Hof zu hören waren. Dort suchten Unbekannte mit Taschenlampen eindeutig nach einer Katze. Ich ging runter, um mit ihnen zu reden. Diese Leute waren jedoch nicht die Besitzer des Katers, sondern nur meine Nachbarn, die ich aber auch nicht kannte: gute Seelen, die den Kater unterm Busch ebenfalls gesehen hatten und ihm nun helfen wollten. Als sie erfuhren, dass er sich bereits bei mir in der Wohnung befand und also gut aufgehoben war, machten sie ihre Taschenlampen aus und gingen erleichtert in ihre Wohnung zurück. Ab da fühlte ich mich als rechtmäßige Besitzerin von Masja. Wie dieser Name zustande kam und was er bedeutet, kann ich nicht erklären. Masja war einfach das erste Wort, das mir in den Kopf kam, als ich den Kater sah. Er war groß, schwarz, mit weißen Flecken auf den Pfoten und hatte ansonsten keine besonderen Merkmale. Masja war weder klug noch dumm, weder schnell noch langsam, nicht lieb und nicht böse, nicht dick und nicht dünn, mit einem Wort: Masja eben. Später bemerkte ich, dass er wahrscheinlich einer türkischen Familie entflohen war: Er verschmähte die üblichen Katzenprodukte, reagierte aber sehr erfreut auf türkische Lebensmittel und aß sogar gerne türkisches Brot und Falafel. Die einzigen Katzenkonserven, die er mochte, waren die großen Büchsen von Aldi. Wenn er nicht aß und nicht schlief, spazierte Masja mit langsamen Schritten durch die Wohnung und schaukelte dabei mit dem Hintern. Masja war ein typischer Macho, er benahm sich so, als wäre er der Hausherr. Mich schaute er gelegentlich an, als wäre ich seine Dienerin – nur dazu da, um ihm die Konservenbüchsen zu öffnen.

Es wurde Frühling, ich machte zum ersten Mal die Balkontür auf, und gleich am ersten Tag fiel Masja runter, tat aber im Nachhinein so, als wäre das genau sein Plan gewesen. Da wir zum Glück im zweiten Stock wohnten, war ihm nichts passiert, er war genau in die Büsche gefallen, unter denen ich ihn gefunden hatte. Seinen Sturz vom Balkon nahm ich zum Anlass, an diesem wunderbaren Frühlingstag die Sprachschule zu schwänzen. Zur Entschuldigung schrieb ich einen Brief an den Schulleiter, in dem ich ihm mitteilte, dass ich an dem Tag unmöglich am Unterricht teilnehmen konnte, weil ich meinem vom Balkon gefallenen Kater erste und zweite Hilfe leisten musste.

Unsere Schulzeit ging sowieso langsam zu Ende. Die Prüfungen für die Grund- und Mittelstufe hatte ich hinter mir, mehrere Texte über Baumaßnahmen auf dem Potsdamer Platz auswendig gelernt und vorgetragen, dazu Texte über den wirtschaftlichen Aufschwung in den neuen Bundesländern, Texte über das Grundgesetz usw. … Außerdem musste ich einen dreiseitigen Aufsatz über die Notwendigkeit des Abfall-Recyclings schreiben und einen zweiseitigen Aufsatz über die politische Lage in Südafrika. Ich fühlte mich auf jede Art von Konversation in Deutschland gut vorbereitet.

Im Mai bekam ich mein Zeugnis und fand sofort Arbeit als Barkeeperin im Café „Luz" im Prenzlauer Berg. Meine erste Zeit dort war kein Zuckerschlecken, obwohl ich der Frühschicht von 10 bis 16 Uhr zugeordnet wurde, die als „leichte" Arbeitszeit galt – man musste hauptsächlich Frühstück servieren, und die Kundschaft war noch nicht so zahlreich wie am späten Abend. Gleich am ersten Tag stellte ich fest, dass ich trotz meiner hervorragenden zweijährigen

Sprachausbildung so gut wie gar keine kneipentauglichen Deutschkenntnisse besaß. Ich konnte den Gästen zwar was über den wirtschaftlichen Aufschwung in den neuen Bundesländern oder über die politische Lage in Südafrika erzählen, doch wenn ich den Satz hörte „Mach ma zwei Gezapfte und ein Gespritztes", bekam ich kalte Füße. Einmal, als ich abkassieren wollte, sagte ein Gast zu mir: „Wartest du auf die Kohle?" Daraufhin erwiderte ich ihm auf Hochdeutsch: „Nein, wir haben im Café eine Zentralheizung." Unser Geschäftsführer, ein junger Schwabe mit spanischem Knall und guten Russischkenntnissen, krümmte sich vor Lachen hinterm Tresen. Ich lernte aber jeden Tag etwas dazu. Später in der Nachtschicht offenbarten sich mir die restlichen Geheimnisse der deutschen Sprache. Trotz anfänglicher Schwierigkeiten gefiel mir der Job in der Kneipe. Ich lernte täglich neue und durchaus interessante Menschen kennen, unser Kneipenkollektiv war wahrscheinlich das, was man als eine gelungene Multikultimischung bezeichnete. Ich hatte Arbeitskollegen, die aus Venezuela, Ägypten, Chile und Kuba kamen, dazu noch einige Deutsche und Brasilianer. Alle waren supernett und freundlich. Nicht selten endete die Schicht mit einer internen Party. Wie es oft in den Kneipen ist, verbrachte der größte Teil des Teams auch seine Freizeit am Arbeitsplatz, weil man dort günstiger konsumieren konnte. Die Anwesenheit des hungrigen Katers, der zu Hause auf mich wartete, disziplinierte mich aber diesbezüglich.

Nachdem das Café „Luz" verkauft und die Mannschaft vom neuen Betreiber vollständig ausgewechselt worden war, arbeitete ich weiter in verschiedenen anderen Kneipen zwischen der Prenzlauer und der

Schönhauser Allee. Davon gab es jede Menge, und fast wöchentlich kamen neue dazu. In diesen Kneipen habe ich dann Wort für Wort die gesamten Wissensbestände aufgenommen, die notwendig sind, um ein sogenanntes Berliner Gespräch zu führen. Ich erfuhr, wie sich Wernesgrüner Bier von Beck's unterscheidet, die BZ von der Berliner Zeitung und Hertha vom 1. FC Union. Als Russin hatte ich in diesen überwiegend spanisch-deutschen Kneipenkreisen einen Ausländerbonus. Viele Kunden waren scharf darauf, ihre Russischkenntnisse an mir auszuprobieren – entweder waren sie schon in Russland gewesen oder hatten Russisch in der Schule gelernt. Manche hatten schon mal eine russische Braut gehabt, andere wollten sich unbedingt eine zulegen.

Auf Umwegen landete ich schließlich in der Tanzkneipe „Akba Lounge" in der Sredzkistraße. Sie befand sich im Erdgeschoss eines alten Hauses, in dem auf jeder Etage ein Kulturprojekt einquartiert war: eine Malerwerkstatt im ersten Stock, eine Kunsttöpferei im zweiten, und ganz oben, unter dem Dach, befand sich ein Tanztheater. Anscheinend war dieses Kollektiv aber kein reines Tanztheater, sondern eins mit Sprechtheater-Elementen; man konnte die Schreie aus dem Proberaum sogar bis zu uns im Keller hören. Dort, erklärten mir die Kollegen, wird gerade „Schuld und Sühne" von Dostojewski geprobt – mit russischen und deutschen Schauspielern.

Beide Seiten hatten große Verständigungsschwierigkeiten. Jeden Abend kamen sie nach den Proben runter in die Kneipe, um sich zu beruhigen und zu betrinken. Die Regie-Frau trank Metaxa, die deutschen Schauspieler Bier, die russischen Wein, Bier, Wodka, und alle anderen Getränke, die es in der „Akba Lounge" gab. Dabei schimpften sie weiter aufeinander: Die Russen vertraten das klassische Stanislawski-System, die Deutschen hielten sich für avantgardistische Brechtianer. An einem solchen Abend lernte ich einen der Russen näher kennen, einen imposanten jungen Mann mit langen schwarzen Haaren, einem Dreitagebart und großen blauen Augen. Er war aus Moskau nach Berlin gekommen und spielte bei dieser Truppe die Rolle eines Verbindungsmannes, eines Vermittlers zwischen den beiden Theatersystemen.

Mehrmals blieb Wladimir auch dann noch an der Theke sitzen, wenn alle anderen sich verabschiedet hatten und nach Hause gegangen waren. Meine Schicht war in der Regel um sechs Uhr früh zu Ende. Danach gingen wir zu mir oder zu ihm. Mein ehemaliger Freund Alex hatte zu diesem Zeitpunkt bereits eine deutsche Freundin gefunden und war mit ihr nach Frankfurt gezogen. Mit dem neuen Freund fing das Leben neu an. An meinem einzigen freien Tag in der Woche saßen wir eng zusammen in einer Disko, gingen durch die Nacht spazieren, durch alle Kneipen am Kollwitzplatz, und tranken Sekt bei Sonnenaufgang. Wladimir erzählte mir *eine* unglaubwürdige, aber lustige Geschichte nach der anderen – unter dem Motto: „Die Welt, die wir kennen, geht zu Ende."

Zwei Monate später, als Wladimirs Theaterprojekt zu Ende war, beschlossen wir, gemeinsam nach Russland zu fahren. Moskau und St. Petersburg standen auf unserem Reiseplan. Meine Idee war, ihn durch mein Leningrad zu führen und mit meinen Freunden und Verwandten bekannt zu machen. Wladimir wollte mir seine Heimatstadt zeigen, seinen Wohnbezirk und sein

Elternhaus: „Damit du mich besser verstehst", meinte er. Das notwendige Geld für die Reise hatten wir parat, ich musste nur noch schnell jemanden finden, der einen Monat lang auf Masja aufpasste. Der einzige dafür in Frage kommende Kandidat war Alexander Iwanowitsch, ein alter Bekannter meines Cousins, ein erfolgreicher Geschäftsmann und Pokerspieler, der sich gerade in Berlin aufhielt.

Alexander Iwanowitsch hatte damals eine schwere Zeit durchzustehen. Er saß in einem Hotelzimmer am Ende des Kurfürstendamms, das er nicht mehr bezahlen konnte, und wusste nicht weiter. Manchmal kam er zum Essen vorbei oder in der Kneipe auf ein Bier und schilderte mir ausführlich seine höchst komplizierte Lebenslage. Die beiden Leidenschaften von Alexander Iwanowitsch – Geschäftstüchtigkeit und Spielsucht – ließen sich nicht in einen harmonischen Einklang bringen. Als russischer Geschäftsmann und Vertrauensperson von mehreren Firmen, die Metall nach Deutschland verkauften, hatte Alexander Iwanowitsch oft Bargeld im fünfstelligen Bereich in seiner Tasche, das aber nicht nur seins war. Wenn er mit diesem Geld in der Nähe eines Kasinos vorbeiging, verlor er regelmäßig seinen kühlen Kopf. Einmal ging er zur Bank, um seinen Gewinn aus einem Deal abzuheben. Die Bank befand sich unglücklicherweise genau gegenüber einem Spielkasino. Alexander Iwanowitsch schaffte es gerade noch, eine Stange Zigaretten und eine russische Wirtschaftszeitung zu kaufen, den Rest versenkte er am Roulettetisch. Danach kam er zu mir und wollte mir seine Zigaretten und die Zeitung schenken, denn „es hat sowieso alles keinen Sinn mehr", wie er zu sagen pflegte. So ein verschwenderischer Geist war dieser Alexander Iwanowitsch. Aufgrund dieses permanenten Wechsels zwischen superreich und grottenarm entwickelte sich bei ihm eine apokalyptische Weltsicht, die ihn sehr sympathisch machte.

Als ich Alexander Iwanowitsch von der bevorstehenden Reise erzählte, zeigte er sich sofort bereit, einen Monat lang auf meinen türkischen Kater aufzupassen. Vor der Abreise kaufte ich dreißig Katzenkonserven bei Aldi und gab Alexander Iwanowitsch ein wenig Geld, das für einen Monat reichen sollte.

Die ersten zwei Wochen verbrachten Wladimir und ich in St. Petersburg bei meinen Freunden, dann fuhren wir nach Moskau und wohnten bei Wladimirs Tante. Es war eine fantastische Reise, wir waren beide sehr glücklich. Fast auf den Tage genau vier Wochen später kamen wir nachts nach Berlin zurück und fuhren sofort zu mir in den Wedding. In der Wohnung war es stockfinster, ein starker Geruch kam uns entgegen. Ein Schatten löste sich von der Wand, atmete hörbar aus und stöhnte: „Endlich seid ihr da!" Mir war sofort klar, dass Alexander Iwanowitsch mit Masja nicht die beste Zeit seines Lebens gehabt hatte. Ich erkannte die beiden erst einmal gar nicht richtig, so dünn waren sie geworden. Alexander Iwanowitsch hatte einen Bart, und Masja hatte mindestens die Hälfte seines Gewichts verloren. Die Wohnung war nur von zwei Kerzen beleuchtet, und zwei Paar hungrige Augen schauten mich an. Überschwänglich erzählte Alexander Iwanowitsch uns die traurige Geschichte seines Aufenthalts im Wedding. Aus unerklärlichen Gründen war in der Wohnung der Strom ausgefallen, gleich an dem Tag, als wir nach Russland flogen. Alexander Iwanowitsch konnte weder kochen noch fernsehen, denn alles war in meiner Wohnung vom Strom abhängig. Es gab kein warmes Wasser und kein Telefon mehr. Aufgrund mangelnder Sprachkenntnisse und aus Angst vor Fremden traute er sich nicht, die Nachbarn anzusprechen. Von den Sicherungen im Keller wusste er nichts. Die Videokassette mit einem Pornofilm, die er sich mit meiner Kundenkarte gleich nach unserer Abreise in der Videothek gegenüber ausgeliehen hatte, blieb einen Monat lang im Videorecorder stecken. Das ganze Geld, das ich ihm gegeben hatte, gab er für Kerzen und Brötchen aus. Die Summe reichte aber nicht. In seiner Verzweiflung aß Alexander Iwanowitsch eines Tages sogar alle essbaren Souvenirs auf, die er im Wohnzimmer auf dem Regal fand, unter anderem eine große Konservenbüchse mit chinesischem Schweinefleisch der Marke „Die große Chinesische Mauer", die ich zehn Jahre zuvor in Leningrad von einem Chinesen geschenkt bekommen hatte. Er erwärmte die Büchse auf einer Kerze und teilte sich den Inhalt mit Masja. Auch trank er nach und nach alle kleinen Fläschchen mit Wodka aus, die sich seit mehreren Jahren auf dem Regal angesammelt hatten. Alles, was man kauen oder schlucken konnte, hatte Alexander Iwanowitsch während meiner Abwesenheit gekaut und geschluckt, einschließlich der Vitamine im Erste-Hilfe-Kasten.

Als Erstes ging Wladimir nach unten in den Keller und schaltete mit einem Knopfdruck die Stromversorgung wieder an. Als Zweites bot er mir und Masja an, in seine Wohnung zu ziehen. Als Drittes gingen wir zusammen in die Videothek, um den Pornofilm von Alexander Iwanowitsch zurückzugeben. Das kostete uns ein Vermögen.

Marfa

Alexander Iwanowitsch fuhr nach Russland zurück, um neue Geschäftskontakte zu knüpfen, ich zog bei Wladimir ein. Zuerst wohnten wir zu dritt. Später, als unsere Tochter Nicole Helene Lilith auf die Welt kam, zogen wir noch einmal um, in eine größere Wohnung am anderen Ende vom Prenzlauer Berg. Wir bildeten eine solide Lebensgemeinschaft, in der sich alle Mitglieder gegenseitig mit Respekt behandelten. Nur Nicole Helene Lilith versuchte mehrmals, als sie noch ganz klein war, sich auf Masja zu setzen. Eines Tages verließ uns der Kater völlig unerwartet. Er nutzte eine offenstehende Wohnungstür, ging aus dem Haus, was er früher niemals getan hatte, und kam nicht mehr zurück. Wir suchten ihn lange in der Umgebung, klebten Suchzettel an die Laternen und Bäume, aber nach einer Woche gaben wir auf.

Traurig über Masjas Abgang, trauten wir uns lange nicht, eine neue Katze anzuschaffen. Ich hatte auch ohne Haustiere genug zu tun – mein zweites Kind Sebastian Charles Gregor kam auf die Welt. Doch auf Dauer war ein Leben ganz ohne Tiere langweilig und pädagogisch falsch. Es steht in allen Erziehungsratgebern, dass man die Kinder unbedingt am besten gleich von Geburt an mit der Weltfauna konfrontieren sollte. Nur kann diese Weltfauna unterschiedlich präsentiert werden. Es muss nicht immer eine Katze sein, es gibt doch viele andere, noch niedlichere Tierarten, dachte ich. Als ich noch im Wedding wohnte und fast jeden Abend an einem großen Zoogeschäft in der Prinzenallee vorbeiging, staunte ich über die vielen Chinchillas, die dort hinter dem Schaufensterglas lebten. Diese

Tiere waren anscheinend im Wedding sehr populär. Ich fand die Chinchillas mit ihrem traurigen Blick sehr rührend. Irgendwann, wenn ich Kinder habe, kaufe ich mir so eins, träumte ich. Nun schien die Zeit dafür reif zu sein. Alle volljährigen Mitglieder unseres Haushalts waren dafür und die nichtvolljährigen sowieso. In der Zeitung „Zweite Hand" suchten wir nach einem passenden Chinchilla-Schnäppchen. Schnell wurden wir fündig. Für 20 DM bekamen wir bei einer Familie im Wedding (!) ein Chinchilla-weibchen samt Käfig und Zubehör. Es hatte keinen traurigen Blick, dafür aber ein zartes Fell und scharfe Zähne. Außerdem war unsere Chinchilla, die wir Dusja nannten, sehr biegsam. Sie schaffte es locker, sich durch die Gitter ihres Käfigs durchzuzwängen, schlenderte frei in der Wohnung umher und fügte in kürzester Zeit unserem Haushalt großen Schaden zu. Nicht nur die Stuhlbeine in der Küche, die Nasen und Finger aller Barbie-Puppen, die Bücher, Fotos und Zeitungen, auch alle Topfpflanzen wurden von ihr angenagt. Sogar die Stromkabel von Kühlschrank und Fernseher fielen Dusja zum Opfer. Das kleine Tier schien sich in den Kopf gesetzt zu haben, unsere Wohnung zu ruinieren. Wir riefen den Notstand aus und bauten ein zweites Gitter um ihr Häuschen. Dusja bekam daraufhin sofort den chinchillatypischen traurigen Blick. Einmal am Tag durfte sie für fünf Minuten ihre Bleibe verlassen. Danach suchten wir in der Regel noch Stunden nach ihr. Es war also kein harmonisches Zusammenleben mit der Weltfauna, sondern eher ein Krieg. Man konnte diese Fauna weder streicheln noch auf die Hand nehmen. Oft erinnerte ich mich damals an meine Katzen. Eines

Tages wurde uns klar: Ohne eine richtige Katze geht es nicht weiter!

In der russischsprachigen Berliner Zeitung wurden unter der Rubrik „Pferd im Mantel" ständig Katzen annonciert. Dazu muss ich sagen, dass sehr viele Russen auf Katzen stehen. Man kann die Katze zu Recht als nationales russisches Haustier bezeichnen. Auch im Ausland haben meine Landsleute diese Leidenschaft nicht aufgegeben. Sie züchten Katzen, suchen und tauschen Katzen, kaufen und verkaufen sie. Wir riefen bei einer russischen Familie in Marzahn an, die mehrere Siamkätzchen zum Verkauf anbot. „Eine ist noch da, klein, aber sehr verspielt", sagte mir eine alte Frau am Telefon. Ich nahm eine große Reisetasche und fuhr los. So kam Marfa zu uns, die schönste Katze, die ich jemals besaß. Ihre Farbe war Kaffee mit Sahne, sie war dünn und zierlich gebaut, hatte blaue Augen, schwarze Ohren und Nase. Vom Charakter her war Marfa frech und schüchtern zugleich. Vor allem interessierte sie sich sehr für unser Chinchilla. Sie jagte Dusja durch die Wohnung, sooft sie nur konnte. Wenn Dusja eingesperrt in ihrem Käfig saß, hielt Marfa neben dem Käfig Wache. Sie passte auf, damit Dusja nicht zu nahe an das Gitter kam. In dem Fall steckte sie sofort ihre Pfoten durch die Stäbe und versuchte, das Chinchilla zu fangen oder es zumindest an der Nase zu kratzen. Sie waren also ein vorbildliches Paar, reif für eine Neuverfilmung von „Tom und Jerry".

Es war eine Zeit, in der viele unserer Freunde und Nachbarn ihren lockeren Lebenswandel zugunsten eines gesitteteren Lebens aufgaben: Sie zogen zusammen, bekamen Kinder, gingen regelmäßig arbeiten, statt nur zu jobben, und gingen früh ins Bett. Man sah sich kaum noch. Auf einer Party lernte ich damals ein Mädchen namens Katja kennen. Ein alter Bekannter von uns hatte sie mitgeschleppt. Ein kleines Mädchen mit großen Augen saß am Tisch mit einem großen Bierglas in der Hand und schimpfte wie ein Kutscher: Niemand konnte ihren 500-DM-Schein wechseln. Katja kam aus Weißrussland und studierte in Berlin Publizistik. Den großen Geldschein hatte sie als Dreimonatslohn für ihre Arbeit als Kellnerin in einem Lokal am Wittenbergplatz bekommen. Am nächsten Tag schaute sie bei uns vorbei, um sich Geschirr abzuholen, das ich ihr schenken wollte. Sie blieb eine ganze Woche bei uns. Katja wohnte allein und langweilte sich ein wenig, deswegen war sie von unserer Großfamilie sehr angetan. Auch die Tiere und Kinder freundeten sich mit Katja an.

Marfa wurde langsam erwachsen, das verspielte Kätzchen verwandelte sich in eine hübsche, eigenwillige Katze, die Tag und Nacht schrie. Ich versuchte alles, um sie zu beruhigen, bespritzte sie sogar mit Heilwasser nach einem mittelalterlichen Rezept, nichts half. Der von uns für sie bestellte russische Kater aus Charlottenburg benahm sich wie ein Macho. Zuerst interessierte er sich sehr für sie, doch sie lief weg, dann interessierte sie sich für ihn, aber er hatte plötzlich keine Lust mehr und versteckte sich vor ihr. Zwischendurch lief noch das Chinchilla Dusja durch die Wohnung, was beide Katzen sehr irritierte und von der Sache ablenkte. Wir waren froh, als der Kater nach drei Tagen wieder von seinen Besitzern abgeholt wurde. Gleichzeitig half uns Katja, das Chinchilla in gute Hände abzugeben. Marfa wurde trotzdem schwanger und bekam drei Babys. Sie waren alle weiß und sahen aus wie Mäuse. Unsere Kinder spotteten: „Unsere Marfa hat Mäuse geboren." Nach alter russischer Sitte haben wir alle drei getauft. Ein Mäuschen ging an den Besitzer des Katers nach Charlottenburg, als eine Art Gage für dessen Leistung. Ein weiteres Mäuschen verkauften wir über eine Zeitungsannonce an einen Deutschen, der sich sehr doof anstellte: Er kam mehrere Male zur Besichtigung, saß stundenlang vor dem Kätzchen und konnte sich nicht entscheiden. „Ich liebe sie schon jetzt", sagte er. „Na dann, wo hakt es?", versuchte ich den Mann zu ermutigen. „Aber was ist, wenn sie krank wird und stirbt? Ich werde wohl sehr traurig sein. Oder wenn sie wächst und nicht mehr so schön ist … oder wenn sie mir wegläuft …", murmelte er. Eine solche Entscheidungsschwäche hatte ich vorher noch nie bei jemandem erlebt. Nach drei solcher Sitzungen redete ich mit dem Mann Tacheles: „Entweder nimmst du die Katze jetzt, oder du gehst", sagte ich. Mit Tränen in den Augen nahm er die Katze und lief zur Tür. Das dritte Mäuschen bekam Katja. Unsere Freundin versprach sich sehr viel davon. Katja war der Überzeugung, dass Siamkatzen ihrem Besitzer Familienglück bringen würden. Sie nannte ihre Katze Martha. Ich hielt von solchem Aberglauben nicht viel, doch in Katjas Fall hat er sich bestätigt: Kaum war die Katze in ihrer Wohnung, lernte sie einen Mann kennen, der einen Kater besaß. Sie zogen zusammen, legten sich noch zwei Hunde zu und ein Kind.

Unsere Marfa wurde schnell wieder rollig. Um ihr und uns den Stress zu ersparen, ließen wir sie sterilisieren. Das hat sie uns bis heute nicht verziehen. In der ersten Zeit nach der Operation veränderte sich ihr Charakter: Sie wurde depressiv, bewegte sich kaum noch, saß die ganze Zeit auf einem kalten Heizkörper und starrte ins Nichts. Marfa tat uns so leid, dass wir beschlossen, ihr einen Freund zu besorgen.

Fjodor

Es gibt so viele Katzenanbieter in Berlin und so viele Katzen. Was muss man tun, um die richtige zu finden? Wie in jeder zwischenmenschlichen Beziehung gibt es hierbei nur eine Methode: Nicht nach dem Preis urteilen, sondern auf sein Herz hören. Wochenlang durchkämmte ich sämtliche Zeitungsannoncen auf der Suche nach einem passenden Siamkater für unsere Marfa und konnte nichts finden, was mich überzeugte. Doch die Katzengeburtenrate war damals in Berlin gerade auf dem höchsten Niveau. Eine Familie aus Frohnau annoncierte neun Siamkätzchen auf einmal. Da muss doch der Richtige dabei sein, dachte ich und fuhr los. Sie schliefen alle, als ich dort ankam. Der Kater war schlank und kurzhaarig, er lief im Zimmer herum und blickte so stolz, als ob er sagen wollte: Neun Kinder habe ich locker hingekriegt, und das ist noch nicht die Grenze des Möglichen, das nächste Mal mache ich euch zwanzig. Die Mutter sah aus wie eine echte subtile Siamkatze. Aus drei Jungen wählte ich einen aus, der mir etwas dickfelliger als die anderen vorkam. „Er wird bestimmt eine Kopie seines Vaters werden", meinte die Züchterin. Ich nahm das Kätzchen ohne Bedenken mit – bei solchen Eltern konnte nichts schiefgehen. Schon unterwegs fing der Kater an zu erzählen, mit einer kräftigen Stimme, die für sein Alter ganz ungewöhnlich war. Der Taxifahrer wurde zunehmend nervös, er bedrängte mich mehrmals mit der Frage: „Quälen Sie das Tier?" Zu Hause schrie der Kater weiter. Er wirkte sehr aufgeregt und führte Selbstgespräche. Als unsere Marfa ihn sah, begegnete sie ihm sofort feindselig, sie haute ihm mit der Pfote eine aufs Maul oder zischte wie eine Schlange. Am dritten Tag brachte ich ihn zum Arzt. „Der arme Kater schreit die ganze Zeit, vielleicht ist mit ihm etwas nicht in Ordnung?", fragte ich die Tierärztin. „Ein heraus-ragender Fall!", schwärmte die Ärztin und rieb sich die Hände. „Sie haben einen sprechenden Kater! Ich habe zwar viel davon gehört, aber noch nie einen mit eigenen Augen gesehen!"

Der sprechende Kater wuchs sehr schnell. Er bekam von uns den Namen Fjodor, zu Ehren des großen rus-sischen Schriftstellers Dostojewski, der zu seiner Zeit auch ein Sonderling gewesen war. Unser Fjodor war nach drei Monaten schon größer als seine Eltern, er bekam eine für seine Rasse höchst ungewöhnliche Ganzkörperbehaarung, unter anderem einen langen Spitzbart und einen Pfauenschwanz, den er wie einen Blumenstrauß senkrecht nach oben trug. Fjodor war weder seinem Vater noch seiner Mutter ähnlich, er er-innerte aber physiognomisch tatsächlich an den ver-rückten russischen Schriftsteller.

Bei unseren Kindern stieg Fjodor schnell zu ihrem Lieblingsplüschtier auf. Sie wickelten ihn in verschie-dene Klamotten oder Bettlaken ein, kämmten ihm die Haare, trugen ihn im Korb durch die Wohnung. In der ersten Zeit sorgte Fjodor für erhebliche Ruhestörung und bescherte uns einige schlaflose Nächte. Der Kater orakelte ununterbrochen. Er konnte keine zehn Mi-nuten still sitzen. Tag und Nacht erzählte er uns seine

Geschichten. Wir verstanden kein Wort. Mehrmals versuchten die Kinder seine Katzensprache zu deuten, sie waren überzeugt, Fjodor würde uns Märchen erzählen. Nach ein paar Monaten gewöhnten wir uns an diese Geräuschkulisse. Der sprechende Kater hatte sich unterdes mit unserer Marfa angefreundet, sie hatte wahrscheinlich als einzige seine Geschichten verstanden und sie schätzen gelernt. Ab und zu leckte sie ihm dafür die Nase oder versuchte spielerisch, ihm die Kehle durchzubeißen. Sie schliefen zusammen neben uns im Bett. Im Schlaf umarmten sie sich. Mit acht Monaten brachten wir Fjodor zur Sterilisation, danach erkannte Marfa ihn nicht mehr wieder. Sie versteckte sich, Fjodor suchte sie überall. Nachts kam Marfa aus ihrem Versteck und griff den sprechenden Kater an. Die Kinder übernahmen die Rolle von Blauhelmen: Sie versuchten die beiden Katzen mit Gewalt zu versöhnen.

Mitten in diesem Konflikt tauchte bei uns wieder der abenteuerliche Geschäftsmann Alexander Iwanowitsch auf, diesmal nicht allein und in keiner guten Verfassung. Er fuhr einen BMW, hatte eine uns unbekannte russische Braut auf dem Rücksitz, eine vergipste Hand und keinen Pfennig in der Tasche. Er bat uns, ihm und seiner Freundin Sweta kurzfristig Asyl zu gewähren. Abends in der Küche erzählte er uns seine Leidensgeschichte. Nach seinem „Rückzug" aus Europa war Alexander Iwanowitsch von seinen Geschäftspartnern und Geldgebern in St. Petersburg nicht umgebracht worden, wie wir alle vermutet hatten. Im Gegenteil: Seine Geschäftspartner aus dem russischen Allzweck-Konzern „Russian Metal Export Royal" hatten ihn wie einen verlorenen Bruder empfangen und ihm zu

verstehen gegeben, dass ihnen sein Leben sehr wertvoll
sei. Der Wert seines Lebens belief sich mittlerweile mit
Zinsen auf knapp eine Million Dollar – so viel schuldete Alexander Iwanowitsch seinen Geschäftspartnern.
Sie hatten darüber hinaus auch noch Probleme mit
den Kollegen von „United Metal Export Royal" in
Amerika. Die Firma schuldete ihnen auch viel Geld –
eine halbe Million – und stellte sich dumm. Alexander
Iwanowitsch bekam eine Chance: Als weltgewandter
Mensch sollte er nach Amerika fliegen und die Schul-
den für den russischen „Export Royal" eintreiben. Zur
Belohnung bekäme er die Möglichkeit, wieder ins Ge-
schäft einzusteigen. Alexander Iwanowitsch flog nach
L.A., lernte die richtigen Leute kennen und schaffte
das Unmögliche. Er bekam die halbe Million von den
Amerikanern. Die verspielte er natürlich sofort in Las
Vegas. Danach wohnte Alexander Iwanowitsch in
Amerika eine Woche lang unter einer Brücke. Dort
lernte er eine junge arme Frau kennen. Er gab ihr seine
letzten zwanzig Dollar. „Mir würden diese zwanzig
Dollar sowieso nicht mehr helfen", erklärte er der Frau.
Innerlich hatte er schon einen fetten Strich unter sein
Leben gezogen. Alexander Iwanowitsch gehörte nicht
zu der Sorte Mensch, die für zwanzig Dollar zwanzig
Tage lang gut unter der Brücke leben können. Er war
ein leichtsinniger und risikofreudiger Verschwender,
ein Spieler, der ständig zwischen „alles" und „nichts"
pendelte. Einen Tag später fand ihn das arme Mädchen
unter der Brücke und gab ihm 500 Dollar. Sie sei nicht
wirklich arm, sondern von ihren reichen Eltern abge-
hauen und nun zu ihnen zurückgekehrt, erklärte sie
ihm. Der arme Russe hatte ihr es angetan, sie wollte
ihm helfen. Mit dem Geld könne Alexander Iwano-

witsch es bis in seine Heimat schaffen, meinte sie. Alexander Iwanowitsch bedankte sich herzlich, dachte aber gar nicht daran, nach St. Petersburg zurückzufliegen. Er nahm das Geld und ging sofort wieder ins nächste Kasino. Dort gewann er 20 000 Dollar. Eine Glückssträhne, dämmerte es ihm. Die Hälfte seines Gewinn verspielte er am nächsten Tag wieder. Mit der anderen Hälfte flog er nach Amsterdam, wo er noch Freunde hatte. Diese Freunde hatten aber von seinem Scheitern in Amerika gehört, denn beide „Export Royals" suchten ihn überall. Deswegen wollten sie nichts mehr von ihm wissen. In sentimentaler Stimmung suchte Alexander Iwanowitsch in Amsterdam ein Bordell auf, das von Jugoslawen geführt wurde. Dort lernte er Sweta, eine alleinstehende Mutter aus Weißrussland, kennen, verliebte sich in sie und beschloss auf der Stelle, Sweta aus den Händen der Jugoslawen zu befreien. Über das Wie der Befreiung musste er sich keinen Kopf machen: Alexander Iwanowitsch spielte mit den Jugoslawen Poker – und gewann. Die Frau gehörte ihm. Anstatt aber mit seiner Liebe abzuhauen, machte Alexander Iwanowitsch den ewigen Spielerfehler: Er spielte weiter, um seine Glückssträhne bis zum Letzten auszukosten. Sie spielten drei Tage und drei Nächte. Seine Glückssträhne riss nicht ab. Nach dem ersten Tag verlor Alexander Iwanowitsch die Frau, nach dem zweiten gewann er sie wieder zurück, so wie auch alle anderen Frauen im Bordell, den Wagen des Besitzers und halb Jugoslawien dazu. Später verlor er die Frauen, hatte aber noch das Bordell und den Wagen. Das Ergebnis dieses langen Spiels war, dass keine der beiden Seiten am Ende für ihre Verpflichtungen einstehen konnte und wollte. Die Jugoslawen bezichtigten Alexander Iwanowitsch des unehrlichen Spiels und brachen ihm eine Hand. Er musste vom Pokertisch fliehen, konnte aber noch achttausend Dollar und die Weißrussin mitnehmen. Für das Geld kaufte er einen BMW und fuhr nach Berlin. Als er bei uns mit seiner Freundin Sweta auftauchte, war von dem Geld nichts mehr übrig, an wertvollen Gegenständen besaß er nur noch einen Anzug, eine frische russische Zeitung und eine Stange Marlboro. Trotz seiner miesen Lage benahm sich Alexander Iwanowitsch, als er bei uns in der Küche saß, immer noch verschwenderisch. Er bot uns ständig seine Sachen an: „Ein Zigarettchen vielleicht?" oder: „Eine sehr interessante Zeitung übrigens, könnt ihr lesen."

Alexander Iwanowitsch und Sweta zogen bei uns auf unbestimmte Zeit ein. Das Leben in unserer Wohnung glich einem Zoo. Sechs Menschen und zwei Katzen auf einer Fläche von 57 Quadratmetern. Alexander Iwanowitsch durfte wegen seiner fast ausweglosen finanziellen Lage nicht mehr mit Menschen spielen. Deswegen erwählte er den Computer von Wladimir zu seinem Hauptgegner und spielte mit ihm nächtelang Poker. Der Computer forderte von Alexander Iwanowitsch kein Geld und brach ihm nicht die Arme, dafür hatte er immer die besseren Karten. Jedes Mal, wenn Alexander Iwanowitsch gegen den Computer verlor, erschien eine lustige Ansage auf dem Bildschirm: „Versager!" stand dort oder: „Häng dich auf!" Es war ein russisches Spielprogramm. Die Gemeinheiten deprimierten Alexander Iwanowitsch sehr. Oft saß er nachts in der Küche und beschwerte sich. Seine Freundin Sweta hatte auch nichts zu tun, sie wanderte schweigend durch die Wohnung und überlegte die ganze Zeit, ob es die richtige

Entscheidung gewesen war, das Bordell in Amsterdam gegen Alexander Iwanowitsch einzutauschen. Wladimir musste sogar mit ihr ins Kino gehen, damit sie sich nicht so langweilte. Oben auf dem Küchenschrank saß Fjodor und orakelte wie ein Katzenradio, das man nicht ausschalten konnte. Alexander Iwanowitsch sprach mit ihm. In der Dunkelheit jagte Marfa unsichtbare Mäuse. Oft attackierte sie unsere Gäste. „Er verarscht mich!", beschwerte sich irgendwann Alexander Iwanowitsch bei Fjodor über den Computer. „Ich hatte zwei Sechser und drei Siebener, er aber zum zweiten Mal Flash Royal!" „Lulilu! Mjau – maa!", antwortete Fjodor. Die Kinder konnten nicht schlafen, sie beschwerten sich und meinten, nachts merkwürdige Stimmen zu hören. „Mama, gibt es in unserem Haus Gespenster?", fragten sie. Ich konnte ihnen nicht das Gegenteil beweisen.

Wassilissa

Alexander Iwanowitsch siechte dahin. Seine Freundin Sweta verließ ihn nach vier Wochen, sie fuhr in ihre weißrussische Heimat zurück, in die Stadt Gomel. Dort hatte sie eine alte Mutter, einen Liebhaber, der Kriegsinvalide war, und – wie sich herausstellte – zwei erwachsene Kinder. Ohne Liebe und ohne seine Millionen, zerfressen von der Spielsucht und Albträumen, verkümmerte Alexander Iwanowitsch wie eine Palme im Schnee. Zu allem Unglück kamen noch gesundheitliche Probleme dazu.

Anfang Dezember gaben wir zu Hause eine kleine Party. Ein Freund von uns, ein auf die Antike spezialisierter Historiker, der unter Übergewicht litt und sich deswegen für alle möglichen Sportarten interessierte, erzählte am Tisch mit Begeisterung von seinem neuen Hobby. Kurz zuvor hatte er Karate entdeckt, er besuchte seitdem regelmäßig eine exklusive Karate-Schule in Charlottenburg, wo er gerade einen Kampfschlag namens „Drachenschwanz" lernte. Alexander Iwanowitsch, der etwas zu viel getrunken hatte, konnte sich den dicken Historiker nicht so recht als „Drachenschwanz" vorstellen. Er lachte und forderte unseren Gast auf, ihm diesen Schlag hier und jetzt vorzuführen. Beide Männer gingen in den Korridor, der Historiker zeigte unserem Mitbewohner den „Drachenschwanz". Alexander Iwanowitsch fiel um, stand jedoch sofort wieder auf und schüttelte dem Historiker dankbar die Hand. Die Präsentation habe ihn voll überzeugt, meinte er. Diesen kleinen Zwischenfall hatte kaum jemand am Tisch bemerkt. Tief in der Nacht, als alle Gäste bereits nach Hause gegangen waren, wurde Alexander Iwanowitsch schlecht. Er übergab sich mehrmals und klagte über heftige Schmerzen in der Brust. Am nächsten Tag gingen wir zum Arzt: Alexander Iwanowitsch hatte zwei gebrochene und eine angebrochene Rippe bei der Karatenummer davongetragen. Nun konnte er nicht einmal mehr Computer spielen. Unser armer Freund saß die ganze Zeit in der Küche, eingewickelt in einen elastischen Verband, und telefonierte mit all seinen Bekannten, die ihm im früheren Leben Geld geschuldet hatten. Er holte jedes Mal weit aus: „Hallo, wie geht es dir? Weißt du noch, wie wir damals …" Doch spätestens, wenn er nach dem Geld fragte, legten die Freunde auf. Wir glaubten inzwischen nicht mehr daran, dass es Alexander Iwanowitsch gelingen würde, sich wieder finanziell zu berappeln. Doch er war ein unsinkbarer

Mensch. Jedes Mal, wenn nichts mehr ging, fand sich plötzlich doch wie von selbst ein Ausweg.

Ein ehemaliger Kollege von Alexander Iwanowitsch mit dem Spitznamen „Spatz" meldete sich aus Paris. Er war dort zu einem großen Gebrauchtwagenhändler aufgestiegen und Alexander Iwanowitsch noch immer für irgendetwas sehr verbunden. Deswegen war er von sich aus bereit, ihm nun finanziell wieder auf die Beine zu helfen. Unser Freund wollte sofort in seinen BMW steigen und nach Paris fahren, wir redeten ihm das aber aus: Erstens hatte sich Alexander Iwanowitsch noch nicht von seinen Rippenbrüchen erholt, er war noch zu schwach, um eine solche Reise allein zu bewältigen, zweitens hatte er nur einen weißrussischen Führerschein, und drittens konnte er außer zwei Sätzen Englisch keinerlei Fremdsprachen. Schließlich beschlossen wir, alle zusammen nach Paris zu fahren: Wladimir, er und ich. Die Kinder und die Katzen gaben wir bei Wladimirs Mutter ab, die in der Nähe wohnte. Dafür versprachen wir, ihr etwas Schönes aus Paris mitzubringen. Wladimir und ich freuten uns sehr auf diese Reise. Natürlich wollten wir nicht nur nach Paris fahren, um unserem Mitbewohner beizustehen. Wir verfolgten dabei ganz egoistische Ziele. Ich wollte von den Pariser Austern kosten, die noch besser als die in Berlin schmecken sollten. Außerdem wollte ich mir einen schicken Hut in Paris kaufen, in Berlin war so etwas nicht zu finden. Wladimir überredete uns, unterwegs einen kleinen Abstecher nach Karlsruhe zu machen. Dort heirateten gerade zwei alte Freunde von ihm, beides Schauspieler, die er noch aus Moskau kannte: Maria Schwarz und Arthur Nuriew. Alexander Iwanowitsch freute sich sehr, dass wir ihn begleiten wollten, er war deswegen für jeden Umweg zu haben und versprach uns außerdem tonnenweise Austern mit Champagner, sollte er in Paris wieder zu Geld kommen. Die ganze Reise durfte jedoch nicht länger als drei Tage dauern, weil wir den Kindern versprochen hatten, zu Weihnachten wieder zu Hause zu sein. Wir mussten uns also beeilen. Wir fuhren noch am selben Nachmittag los, erst einmal Richtung Karlsruhe, Alexander Iwanowitsch saß am Steuer. Er konnte wegen seiner Rippen nicht reden und sich nicht umdrehen, was ihn aber nicht daran hinderte, überall, wo es ging, zweihundert Kilometer in der Stunde zu fahren. Die Autobahn war fast leer, bis Karlsruhe brauchten wir sechs Stunden.

Die Braut wohnte in einem Mehrfamilienhaus mit zwei Dutzend Namen auf den Klingelschildern. Alle hießen Schwarz. Wladimirs Bekannte Maria gehörte einer großen russlanddeutschen Familie an, die Anfang der Neunzigerjahre aus Kasachstan nach Karlsruhe übergesiedelt war. Den offiziellen Teil ihrer Hochzeit – den Gang zum Standesamt mit anschließender Stadtrundfahrt in einem weißen Cadillac – verpassten wir. Als wir ankamen, feierte die gesamte Großfamilie bereits in einem Partyraum unter dem Dach: Marias Eltern und Großeltern, ihre Brüder, Schwestern und deren Kinder saßen an einem langen Tisch. Wir kannten niemanden außer dem Brautpaar. Maria und Arthur hießen uns herzlich willkommen. Der Rest der Familie wusste wenig mit uns anzufangen. Besonders misstrauisch reagierten sie auf Alexander Iwanowitsch, der mit seinem BMW, seiner Lederjacke und seinen gebrochenen Rippen, von denen er sofort allen erzählte, allzu sehr einem russischen Mafioso auf der

Flucht glich, der er ja eigentlich auch war. Nachdem die ersten Trinksprüche verkündet waren und die Jugend zu tanzen angefangen hatte, nahm der Familienälteste sich Alexander Iwanowitsch vor. Er setzte sich zu ihm und versuchte diskret herauszufinden, wer er war. Alexander Iwanowitsch hatte bereits ganz schnell ganz viele Wodkas getrunken, einen Tango mit der Braut getanzt und völlig unvermittelt die Großmutter des Bräutigams gekitzelt. Bei den Zwillingsbrüdern der Braut erntete er dafür bereits rachsüchtige Blicke. Nun machte er auch noch den Fehler, auf die einfache Höflichkeitsfrage des Großvaters „Was machen Sie denn beruflich?" viel zu präzise zu antworten. Er stellte sich als der ehemalige Chef des russischen Konzerns „Russian Metal Export Royal" vor, der unterwegs sei, um neue Geschäftskontakte im Westen zu knüpfen. Großvater Schwarz erwähnte dazu, in einer russischen Zeitung gelesen zu haben, dass der Chef dieses Konzerns gerade eben erschossen worden sei, angeblich von der Konkurrenz. „Wir haben viele Chefs und lange Hände!", erwiderte der betrunkene Alexander Iwanowitsch schnell. „Wir Chefs leben gefährlich, immer auf Messers Schneide, unser Berufsrisiko ist es, jede Minute erschossen zu werden", fügte er hinzu und klopfte Großvater Schwarz brüderlich auf die Schulter. Die Situation eskalierte. Die Zwillingsbrüder erkundigten sich höflich, ob er nicht zufällig von Interpol gesucht werde, wenn ja, ob mit Kopfgeld und in welcher Währung. Alle meine Versuche, unseren Freund als harmloses, armes Schwein darzustellen, scheiterten – vor allem an seiner eigenen Unwilligkeit. Alexander Iwanowitsch hatte anscheinend zu lange zu Hause gesessen und spielte sich vor diesen fremden

Menschen unglaublich auf. Wladimir saß die ganze Zeit in einer Ecke mit seinem alten Freund Arthur, dem Bräutigam, und bekam so gut wie nichts von der Selbstdarstellung unseres Reisepartners mit. Spätestens um Mitternacht wurde mir klar, dass wir sofort abreisen mussten. Ich zerrte Alexander Iwanowitsch vor die Tür, unterwegs verabschiedeten wir uns von der Hochzeitsgesellschaft. Sie waren sichtlich erleichtert, dass wir gehen wollten. Doch Alexander Iwanowitsch war mit der Hochzeit noch nicht fertig. Zuerst versuchte er die Braut mit blöden Sprüchen zu entführen. Als dies misslang, gab er uns die Autoschlüssel und rief: „Fahrt schon mal das Auto vor …“ Ich hatte mit dem Wagen keine Erfahrung. Als ich die Türen aufmachte, ging die Alarmanlage los. Die gesamte Familie Schwarz stand an den Fenstern und schaute zu uns runter. Auch in den umliegenden Häusern gingen die Lichter an, die Nachbarn traten auf ihre Balkone. Während Wladimir und ich erfolglos versuchten, die Alarmanlage auszuschalten, pinkelte Alexander Iwanowitsch in den gepflegten Vorgarten der Familie Schwarz und sang dabei populäre russische Volkslieder. Erst im Wagen wurde unser Freund wieder nüchtern und vernünftig.

In Paris angekommen, fuhren wir sofort zu seinem Kumpel „Spatz“. Der war ein kleiner kahlköpfiger Mann Mitte vierzig mit einer piepsigen Stimme. Er vergötterte Alexander Iwanowitsch. „Spatz“ wohnte am Rande der Stadt in einer Wohnung, die wie ein Büro aussah. Mitten im Zimmer stand ein großes Kopiergerät, im Korridor lag ein Berg alter Reifen, auf dem Schreibtisch stapelten sich Aktenordner, überall lagen Autokataloge und Autozeitschriften herum. Das einzige Lebewesen, mit dem „Spatz“ die Wohnung teilte und das etwas Gemütlichkeit in die Bude brachte, war seine kleine Katze, ein grauer Maine Coon, lebensfroh und quicklebendig. Sie sprang jedem auf die Schulter. Alexander Iwanowitsch bekam von seinem Ex-kollegen einen Batzen Geld, er lud alle zum Austernessen ein, kaufte mir einen Hut und Wladimir einen schicken Regenschirm. Wir fuhren durch die Stadt auf der Suche nach weiteren Freizeitvergnügungen, unter anderem besuchten wir mehrere Tequila-Bars und einige Striptease-Lokale. Alexander Iwanowitsch war jedoch von Paris enttäuscht. Er konnte vor allem die völlige Abwesenheit von Kasinos nicht ertragen. „Wo spielen die Franzosen?", fragte er seinen Kumpel. „Die meisten fahren zum Spielen nach Monte Carlo", meinte „Spatz". Er aber würde einen Laden kennen, in dem man illegale Glücksspiele betriebe. Wladimir und ich waren dagegen, dieses Etablissement aufzusuchen. Wir wiesen Alexander Iwanowitsch darauf hin, dass er doch eigentlich nicht wirklich spielen wolle, sondern quasi fremdbestimmt von seiner Spielsucht dorthin getrieben werde. Ferner erinnerten wir ihn zum hundertsten Mal daran, dass es nicht die Freude am Gewinn sei, die ihn zum Spieltisch ziehe, sondern die Angstlust, wieder zu verlieren. Dieses ABC eines Spielsüchtigen stand in jedem Spielsucht-Ratgeber, und natürlich wusste Alexander Iwanowitsch auch ohne uns über seine Krankheit Bescheid. Doch was jucken einen die Ratgeber, wenn die Taschen voll sind und die Kugel rollt? Wir gingen also in das illegale Kasino. Alexander Iwanowitsch setzte hundert Euro auf die Zahl 28 und gewann. Schlimmer konnte es nicht kommen. Jetzt war unser Freund nur noch mit einem Bulldozer aus dem Schuppen rauszukriegen.

Während wir weiter Tequila tranken, setzte Alexander Iwanowitsch weiterhin hartnäckig auf die 28 und forderte seinen Freund „Spatz" auf, ebenfalls auf die 28 zu setzen. Einmal gehorchte „Spatz" ihm nicht, er hatte die Nase voll von der 28 und wechselte zur 26. Gerade in diesem Spiel gewann aber die gute alte 28 wieder. Das war eine Tragödie. In der relativ kurzen Zeit, die wir im Spielkasino verbrachten, hatte Alexander Iwanowitsch es geschafft, nicht nur sich selbst erneut zu ruinieren, sondern auch seinen Freund mit in den Abgrund zu reißen. Zu Hause setzten sich die beiden Männer mit einer Flasche Tequila zusammen, um sich zu beraten. Sie beschlossen, sofort mit dem BMW von Alexander Iwanowitsch nach Polen zu reisen, um das restliche Geld von „Spatz" dort zu holen und mit diesem Geld alles zurückzugewinnen. Wir hielten die Reise für ein sinnloses Unterfangen, aber auf uns hörten sie nicht. Die beiden waren nicht zu bremsen. „Spatz" bat uns, zwei Tage auf seine Katze aufzupassen, dann fuhren sie los.

Wir verbrachten zwei herrliche Tage in Paris, besuchten Museen oder gingen am Ufer der Seine spazieren. Die Stadt schmückte sich derweil mit Girlanden, überall wurden Karussells aufgestellt, rotwangige Kinder stopften warme Crêpes mit Schokolade in sich hinein. Uns befiel allmählich das Heimweh, wir wollten nach Hause zu unseren Kindern – und zum Tannenbaum. Die beiden Spielfreunde kamen auch nach zwei Tagen nicht zurück, was abzusehen gewesen war. Von unserem letzten Geld kauften wir zwei Busfahrkarten nach Berlin. Die kleine Katze von „Spatz" nahmen wir mit, damit sie in der leeren Wohnung nicht verhungerte.

Zu Hause angekommen, gingen wir sofort zu Wladimirs Mutter, um die Kinder abzuholen. Sie erzählte uns, die ganze Nacht habe sie einen Kater im Traum gesehen, um den sie sich unablässig kümmern musste. Plötzlich fiel mir ein, dass wir gar nichts für die Mutter mitgebracht hatten. Kurzerhand schenkten wir ihr die Katze von „Spatz". So wurde ihr Traum wahr. Weil es aber eine Katze und kein Kater war, tauften wir sie auf den Namen Wassilissa. Wladimirs Mutter war zuerst nicht sonderlich begeistert von diesem Pariser Souvenir. Wassilissa sprang ihr sofort auf die Schulter und blieb dort den ganzen Tag sitzen. Inzwischen sind sie jedoch unzertrennlich. Meine einzige Sorge war, der alte Inhaber aus Paris könnte seine Katze zurückfordern. Für diesen Fall hatte ich den Plan, ihm in Berlin eine neue Maine Coon zu kaufen. „Spatz" hat sich aber bis heute nicht gemeldet. Auch von Alexander Iwanowitsch hörten wir nicht mehr viel. Ein Freund von ihm erzählte uns neulich, er habe seine Karriere als Geschäftsmann aufgegeben, sei nach Russland zurückgekehrt und in die Politik gegangen. Vor Kurzem soll er in St. Petersburg für den Posten des Bürgermeisters kandidiert haben.

Epilog

Zu meinem Vertrautenkreis gehören zurzeit drei Katzen: Fjodor und Marfa, die mit uns zusammenwohnen, und Wassilissa, die wir mindestens einmal in der Woche bei Wladimirs Mutter besuchen. Außerdem läuft noch in unserem Hinterhof der Nachbarkater Marx herum, der zwar nicht heimat- bzw.

herrenlos ist, aber das Leben eines wilden, nicht sterili-
sierten Katers führen darf. Jetzt ist Frühling, und Marx
schreit aus vollem Hals – auf einer Biomülltonne im
Hof sitzend. Unsere beide Katzen schauen ihm vom
Balkon aus neugierig zu. Marx ist nicht nur für sie ein
Unikum, er ist auch grundsätzlich für Deutschland eine
untypische Erscheinung. Es gibt hier kaum Katzen, die
auf der Straße leben. Zumindest in der Stadt darf die
Mehrheit der Katzen die Wohnung nicht verlassen,
was für Westberlin noch mehr gilt als für Ostberlin,
weil es hier bis zur Wende nicht so viel Autoverkehr
gab. Doch selbst als „Etagentiger" verlieren die Katzen
nicht ihre magischen Fähigkeiten. Sie verkörpern für
mich Eigensinn und Unabhängigkeit. Sie lassen sich
von niemandem richtig zähmen, dressieren oder zu
irgendetwas überreden. Daran sollten sich die Menschen ein Beispiel nehmen. Ich kenne viele Länder,
in denen Katzen heute noch als heilige, unantastbare
Tiere gelten – und auch so behandelt werden. In Italien
oder Spanien laufen sie oft in großen Rudeln durch die
Straßen und werden nicht nur von Menschen, sondern auch von den Hunden mit Respekt behandelt.
In Griechenland, in Athen, sitzen die Katzen auf den
Kneipentischen oder schlafen auf den Zeitungen in den
Kiosken. Ein Restauranttisch mit einer Katze drauf gilt
dort als besetzt, auch von den Zeitungsstapeln werden
sie nicht verjagt, nur weil irgendein Tourist sich gerade
für die neueste Presse interessiert. Jedes Mal, wenn ich
diese Straßenkatzen sehe, erinnert mich das an meine
Heimat. Trotz der proletarischen Diktatur, die die
Menschen in ihrer Bewegungsfreiheit einschränkte,
lebten die Katzen in der Sowjetunion auf freiem Fuß.
Reine Hauskatzen gab es bei uns überhaupt nicht. Alle

kamen und gingen sie, wann und wie es ihnen passte, und stets genossen sie die Zuwendung der Bevölkerung.

Heute habe ich mehr Kenntnisse von anderen Ländern, und wenn ich zurückblicke, steht für mich fest: Die Sowjetunion war ein Katzenland! Unsere Katzen wohnten in den Höfen, auf den Bahnhöfen und Flughäfen, in Lebensmittelgeschäften, Hotellobbys und Parkanlagen, auf den Dächern und in den Kellern der Wohnhäuser, in Restaurantküchen und Armeekasernen, in den Kulturhäusern und Kinos. Sie vermehrten sich frei wie die Spatzen in China, und niemand konnte oder wollte ihnen irgendetwas anhaben. Neben unserem Haus in Leningrad lebten mindestens drei Dutzend Katzen in dem großen Lebensmittelladen „Ozean", in dem nur Fischprodukte verkauft wurden. Die Katzen lagen dort auf den Heizkörpern, schliefen unter den Verkaufstresen und auf den Fensterbrettern. Sie waren alle dick.

In Deutschland leben die Katzen wie Fische im Aquarium. Sie werden dreimal am Tag mit Spezialprodukten gefüttert, für sie werden spezielle Kratzbäume und Toiletten gekauft, manche Katzen haben sogar eine Krankenversicherung und werden regelmäßig zum Zahnarzt gebracht. Aber auch unter diesen schwierigen Lebensbedingungen verlieren sie nicht ihre Unabhängigkeit – sie bleiben Katzen. Manche meinen, der Hund ist des Menschen Freund unter den Tieren. Er kann Pantoffeln ans Bett bringen, auf Befehle hören, vor Einbrechern schützen. Außerdem wird der Hund oft als Ersatz für fehlende Familienmitglieder betrachtet. Ein Nachbar von uns streitet sich täglich mit seinem Hund, als wäre das Tier seine liebe

Ehefrau. Eine richtige Frau hätte ihn bestimmt gleich am ersten Tag verlassen, weil er eine solche Nervensäge ist. Doch der Hund hört zu und ist scheinbar für jedes Schimpfwort auch noch dankbar. Wäre er ein richtiger Freund seines Herrn, hätte er ihm längst ein paar Körperteile abgebissen. Der Hund aber wackelt nur mit dem Schwanz. Seine Freundschaft ist scheinheilig. Der Hund hat keine Individualität. Er ist bereit, jedem Muffel bedingungslos und hingebungsvoll zu dienen. Die Katzen bringen einem zwar keine Pantoffeln ans Bett, sie werden deinen Befehlen niemals folgen, sie werden dir nicht die Frau, den Mann oder das Kind ersetzen, dafür erwärmen sie einem die Seele, weil sie ein Menschenideal vorleben. Sie sind im Geiste mit uns verbunden. Ich liebe die Katzen, den Inbegriff der Freiheit, und ich weiß, dass ich nicht die Einzige bin. Wie neulich ein Bekannter von mir sagte: „Warum ich die Katzen den Hunden vorziehe? Weil es keine Polizeikatzen gibt – und auch nie geben wird."

Die Autorin

Olga Kaminer wurde auf Sachalin geboren und zog mit sechzehn Jahren nach Leningrad, heute St. Petersburg, wo sie Chemie studierte. 1990 wanderte sie nach Deutschland aus. Olga Kaminer lebt mit ihrem Mann, dem Schriftsteller Wladimir Kaminer, und ihren zwei Kindern in Berlin.